gaïg

LA PROPHÉTIE DES NAINS

DYNAH PSYCHÉ

gaïg

LA PROPHÉTIE DES NAINS

ÉDITIONS
MICHEL
QUINTIN

Catalogage avant publication de Bibliothèque et Archives nationales du Québec et Bibliothèque et Archives Canada

Psyché, Dynah, 1955-

La prophétie des nains

(Gaïg ; 1)

Pour les jeunes.

ISBN 978-2-89435-353-0
ISBN 978-2-89435-361-5

I. Titre.

PS8631.S82P76 2007 jC843'.6 C2007-941802-3
PS9631.S82P76 2007

Illustration de la page couverture : Boris Stoilov
Illustration de la carte : Mathieu Girard

Le Conseil des Arts du Canada
The Canada Council for the Arts

SODEC Québec

Patrimoine canadien Canadian Heritage

La publication de cet ouvrage a été réalisée grâce au soutien financier du Conseil des Arts du Canada et de la SODEC.

De plus, les Éditions Michel Quintin bénéficient de l'aide financière du gouvernement du Canada par l'entremise du Programme d'aide au développement de l'industrie de l'édition (PADIÉ) pour leurs activités d'édition.

Gouvernement du Québec — Programme de crédit d'impôt pour l'édition de livres — Gestion SODEC

ISBN 978-2-89435-361-5

Dépôt légal - Bibliothèque et Archives nationales du Québec, 2007
Dépôt légal - Bibliothèque et Archives Canada, 2007

Éditions Michel Quintin
C.P. 340, Waterloo (Québec)
Canada J0E 2N0
Tél.: 450 539-3774
Téléc.: 450 539-4905
www.editionsmichelquintin.ca

0 7 - G A - 1

Imprimé au Canada

Pays de N'DÉ
Village de G
Montagne
Pelée
Pitons de
Wassango-Kilolo
Monts d'
Forêt de N
Sangoulé
La Yoruba

Collines de
Koulibaly
Shango
Bamako
N
Mer d'Okan

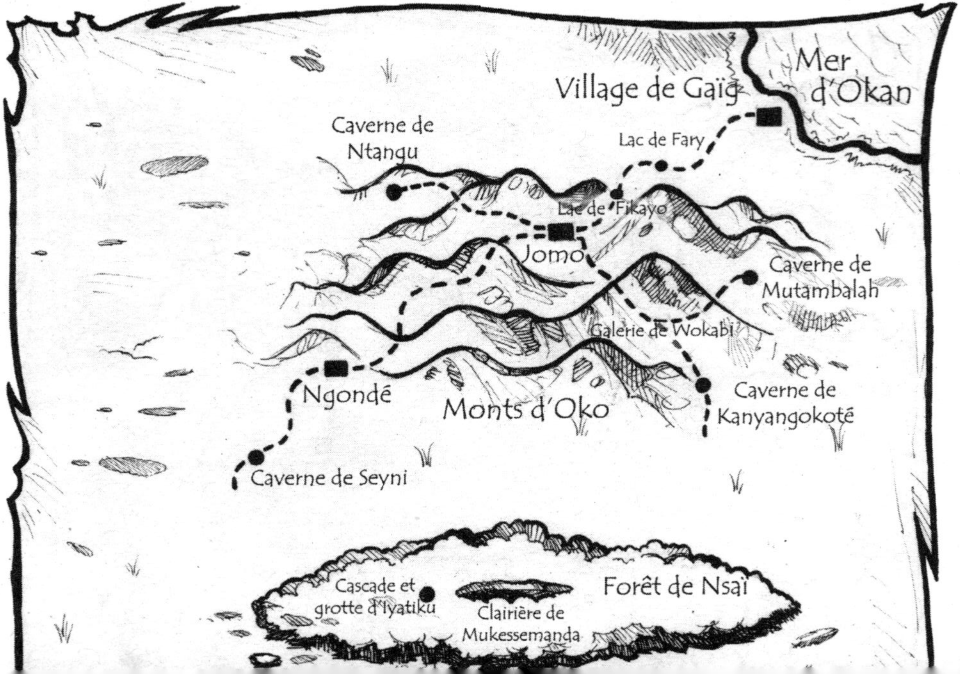
Mer d'Okan
Village de Gaïg
Caverne de Ntangu
Lac de Fary
Lac de Fikayo
Jomo
Caverne de Mutambalah
Galerie de Wokabi
Caverne de Kanyangokoté
Ngondé
Monts d'Oko
Caverne de Seyni
Forêt de Nsaï
Cascade et grotte d'Iyatiku
Clairière de Mukessemanda

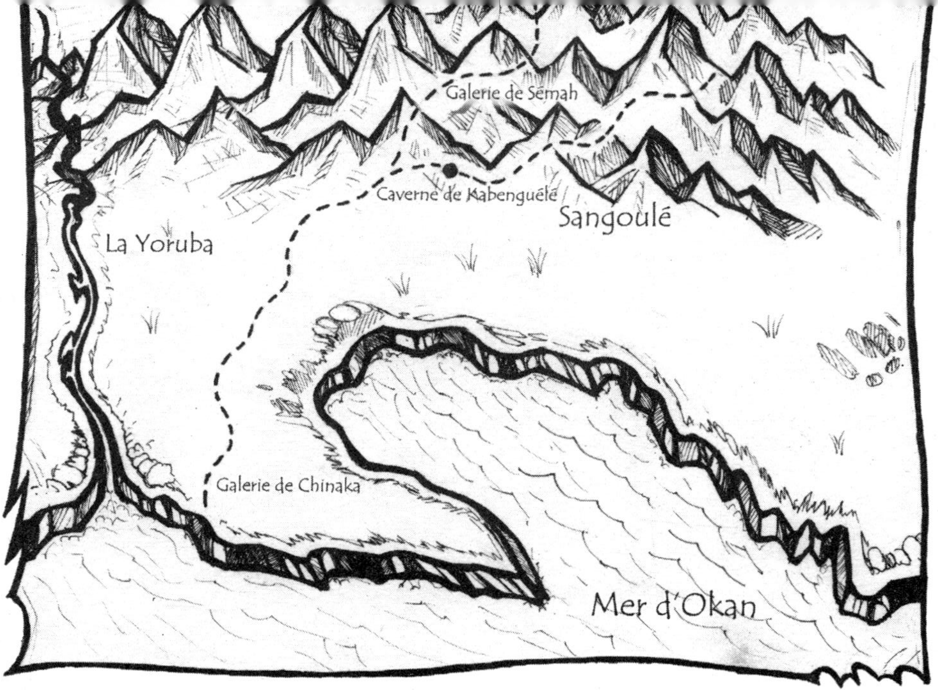
Galerie de Sémah
Caverne de Kabenguélé
Sangoulé
La Yoruba
Galerie de Chinaka
Mer d'Okan

1

Gaïg, une fois de plus, s'était fait attaquer par les autres enfants. Les poissons qu'elle avait mis tant de temps à pêcher avaient été décapités, tailladés, puis rejetés à l'eau « pour ne pas laisser de traces », avait précisé Guillaumine. Colombe et Irénice, ses deux suiveuses, s'étaient aussitôt précipitées pour exécuter l'ordre, pendant que les garçons balayaient le sol.

— Comme ça, la Grosse, tu ne pourras pas te plaindre, avait-elle affirmé. Tu entends, la Poissonne? Pas de traces, pas de preuves, pas de retombées.

« Qui prendrait ma défense, de toute façon? pensait Gaïg. J'ai toujours tort. Qui se risquerait à les gronder? Je n'avais qu'à ne pas me laisser surprendre. Je n'ai plus qu'à recommencer, sinon j'entendrai encore les bonnes paroles de Garin et de Jéhanne. »

Sans un mot, elle fit demi-tour, n'osant donner un coup de pied ou de poing au passage à l'un des assaillants puisqu'ils étaient plus nombreux qu'elle. Ça se réglerait en privé, en tête-à-tête, pour répartir les chances. Gaïg savait que les probabilités de vengeance étaient minces, ses tortionnaires, méfiants à cause des expériences passées, se déplaçant rarement seuls. « Mais ils ne perdent rien pour attendre », se disait-elle en revenant vers la mer.

Elle s'installa sur un rocher, essayant de ne pas être trop visible afin d'éviter une nouvelle attaque. Mais c'était fini pour aujourd'hui, elle le savait : c'était la fin de l'après-midi, les autres enfants seraient occupés à remplir leurs propres corvées.

Gaïg poussa un soupir à fendre l'âme et se remit à pêcher. En temps normal, elle aimait bien ça, mais elle pensait à toutes les tâches qui l'attendaient encore avant que la nuit tombe. Il lui faudrait vider le poisson, l'écailler, le cuisiner, éplucher les légumes, les cuire, s'occuper des poules, traire les brebis, servir le repas, nettoyer la table, faire la vaisselle, mettre les petits au lit, et peut-être même masser le dos de Jéhanne, enceinte de son troisième enfant.

« Un jour, je partirai, se répétait-elle pour se donner du courage. Rien ne m'oblige à rester ici, rien ne me retient. Garin et Jéhanne ne sont pas mes parents, ils m'ont recueillie parce qu'ils avaient besoin d'une bonne à tout faire et que cela les faisait bien voir du village. C'est vrai qu'ils me logent et me nourrissent, mais je pourrais aussi bien me nourrir moi-même, puisque c'est moi qui pêche. Je pourrais habiter n'importe où, du moment que je suis à l'abri du vent et de la pluie. Je pourrais vendre du poisson pour m'acheter des vêtements, et je n'aurais à m'occuper de personne d'autre que de moi-même. »

Perdue dans ses pensées, Gaïg sursauta en s'apercevant qu'elle avait déjà un poisson au bout de sa ligne. Elle en attrapa deux autres coup sur coup, et les remercia mentalement de s'être laissé attraper aussi rapidement. « Allons, la situation n'est pas désespérée, se dit-elle. Je vais voir si je peux en avoir un pour Zoclette, je ne resterai pas longtemps. De toute façon, Garin et Jéhanne vont toujours trouver une raison pour crier après moi. Si je rentre tard, ils ne pourront pas me trouver une nouvelle chose à faire. Ils ne supportent pas de me voir inoccupée. »

En attendant de pêcher un poisson pour Zoclette, Gaïg coinça sa canne à pêche dans les rochers pour pouvoir vider ses prises précédentes, en prenant soin de rejeter les entrailles à la mer, « pour nourrir les crabes », précisa-t-elle dans sa tête. Le dernier poisson désiré ne se fit pas attendre et Gaïg ne put s'empêcher de le remercier lui aussi. C'était plus fort qu'elle, elle considérait qu'elle devait s'excuser auprès des animaux tués ou pêchés, et les remercier. Elle ne l'avait jamais dit à personne, bien sûr, tout le monde aurait ri.

Elle jeta un coup d'œil aux environs avant de se remettre en route, ne pouvant se permettre une nouvelle agression. Cette fois-ci, elle évita délibérément le sentier et revint par le sous-bois. Elle avait maintenant toute une série d'itinéraires de rechange, afin d'éviter les mauvaises rencontres. Elle se déplaçait sans bruit, en se fondant dans le feuillage, mais s'arrêtait souvent pour écouter les bruits du voisinage, simplement pour s'assurer qu'elle n'était pas suivie.

Elle fit un détour pour porter son poisson à Zoclette. Il n'y avait personne dans sa maison. Un petit feu de bois brûlant dehors entre quatre pierres laissait supposer que Zoclette n'était pas très loin, mais Gaïg ne pouvait s'attarder. Pourtant, elle aurait bien aimé entendre quelques paroles réconfortantes de sa bouche. Elle enveloppa le poisson dans des feuilles et le plaça près du feu, mais assez loin pour qu'il cuise très lentement. Si Zoclette rentrait bientôt, elle pourrait toujours le rapprocher du feu afin d'accélérer la cuisson.

Gaïg sourit en pensant à sa vieille amie qui n'aimait pas l'eau. Zoclette était profondément terrienne, elle appartenait au peuple des Nains. Ces derniers aimaient les montagnes et les grottes, ils vivaient généralement dans des villages souterrains creusés dans de profondes cavernes. Excellents mineurs et forgerons adroits, ils étaient aussi des orfèvres inégalés, façonnant et ciselant des bijoux d'une extrême finesse.

* * *

Au moment du Premier Exode, quand les Nains avaient quitté par familles entières les montagnes de Sangoulé pour aller coloniser les monts d'Oko, Zoclette avait continué son périple jusqu'à ce village de pêcheurs : elle y trouverait ce que la vie lui réservait, avait-elle expliqué, sans préciser davantage.

Elle avait adossé sa maison au pied de la falaise qui surplombait le village, et personne ne savait que celle-là continuait dans la montagne. Aux yeux de Gaïg, Zoclette avait fait preuve d'une intuition formidable en s'installant là, un peu à l'écart des autres habitations. En creusant pour agrandir un trou dans l'escarpement afin qu'il lui serve de garde-manger, elle avait mis au jour une caverne de dimensions assez vastes, avec des boyaux et des tunnels qu'elle se plaisait à explorer, en souvenir de Sangoulé, disait-elle. Personne ne savait que la petite demeure était devenue un palais souterrain, et Gaïg se serait bien gardée de trahir sa seule amie dans le village. Elle avait visité la caverne de Zoclette une seule fois, il y avait bien longtemps de cela, alors qu'elle était encore toute jeune.

— C'est à cette heure que tu arrives! cria Jéhanne, comme elle approchait de la vilaine maisonnette de bois. Où étais-tu passée? Il fait déjà sombre. Dépêche-toi, bonne à rien, au boulot.

Gaïg garda le silence et commença le repas. Elle trairait les deux brebis pendant la cuisson.

— C'est tout ce que tu as pris comme poisson? Tu sais bien qu'il en faut deux pour Garin. Qu'as-tu fait pendant tout ce temps? Tu t'es encore baignée, n'est-ce pas? Tu as passé ton temps dans l'eau au lieu de pêcher? Tant pis, tu lui laisseras le tien, ça t'apprendra. Ça ne te fera pas de mal, de jeûner un peu. Et maintenant, accélère, j'ai mal au dos, je veux que tu me masses.

Gaïg soupira, mais se tut. Elle savait que cela n'aurait servi à rien d'accuser les autres enfants : on lui répondrait qu'elle n'avait qu'à apprendre à se défendre ou qu'elle n'était qu'une menteuse.

Elle accomplit silencieusement ses différentes tâches. Garin rentra, mais ne dit rien. Il se montrait un peu plus gentil que Jéhanne, en ce sens qu'il ne parlait pas beaucoup, et donc ne passait pas son temps à la gronder. Il lui arrivait de jeter de drôles de regards à Gaïg, et quand Jéhanne s'en apercevait, elle criait encore plus après elle. La nuit, Gaïg les entendait se disputer dans leur lit, jusqu'à ce que Garin, excédé, se lève et parte. En général, Gaïg s'endormait avant son retour.

Ce soir-là, Gaïg se sentait plus énervée que d'habitude et trop fatiguée pour dormir. Après avoir massé le dos blême de Jéhanne, qui n'arrêtait pas de lui donner des ordres quant aux endroits sur lesquels il fallait appuyer, et comment appuyer sans lui faire mal, récriminant même contre la taille de ses mains, elle se laissa tomber bruyamment sur sa couche. Garin était reparti. Elle surveilla la respiration de Jéhanne, et dès les premiers ronflements de cette dernière, elle s'esquiva.

Il lui fallait voir Zoclette.

2

— Hé bien, ma princesse, je ne t'ai pas vue aujourd'hui.

Zoclette était assise sur une pierre, près de son feu, un verre à la main. Noiraude et maigrichonne, de petite taille bien évidemment, Zoclette n'était pas ce qu'on pourrait appeler une beauté, selon les critères classiques. On aurait dit un squelette ambulant, ce qui lui avait valu son surnom de Zoclette. En réalité, Zoclette s'appelait Nihassah, ce qui signifiait *Princesse Noire* dans le langage des Nains. Mais Gaïg trouvait qu'indépendamment de son apparence physique, il émanait de Zoclette-Nihassah un je ne sais quoi qui la mettait à l'aise, la calmait et l'équilibrait quand elle se sentait proche du désespoir.

Elle considérait que tout ce qu'elle savait d'intéressant, c'était Zoclette qui le lui avait appris, y compris ce qui la concernait elle-même. Les Nains ont une vie très longue, c'est dans leur nature, et Zoclette était là depuis si longtemps qu'elle avait vu naître tout le village. Elle ne s'était pas contentée de *voir* naître le village : guérisseuse et accoucheuse de son état, elle l'avait *fait* naître, ce qui lui conférait un certain respect. Respect mêlé de crainte, d'ailleurs, à cause du savoir qu'elle possédait.

— Finalement, la seule que je n'ai pas vue venir au monde, c'est toi, ma princesse. Tu es née de la mer.

Zoclette était bien la seule personne à pouvoir lui donner le titre de princesse sans craindre le ridicule. Et Gaïg, habituée aux moqueries des autres enfants qui l'avaient surnommée la Poissonne à cause de son amour de la mer et du temps qu'elle y passait, trouvait agréable d'être la princesse de quelqu'un, même d'une vieille naine rabougrie que certains prenaient pour une folle ou une sorcière.

Guillaumine, toujours elle, avait même affiné le quolibet : elle avait abrégé la Poissonne en la Poisse, affirmant à qui voulait le croire que c'était la Poisse qui portait malheur au village. Les mauvaises récoltes, la pluie et les inondations avec l'humidité qui pourrissait tout, la sécheresse avec le bétail assoiffé qui mourait, les tempêtes dévastatrices, les pêches minables, les filets déchirés sur le fond rocailleux, les maladies, les accidents, les enfants mort-nés, tout était de la faute de la Poisse. Et les adultes, parce que le mauvais sort les poursuivait, étaient contents de trouver un bouc émissaire. En s'acharnant à leur tour sur la Poisse, ils conjuraient l'adversité et montraient qu'ils n'étaient pas dupes des actions malveillantes de la Destinée.

— Merci pour le poisson, ma princesse, il était fin prêt quand je suis rentrée, et j'étais affamée. J'étais auprès de Fréjus, il a encore des pierres dans le ventre. Et des grosses, qui ne veulent pas descendre, à en juger par ses gémissements et ses contorsions. Il était plié en deux par la douleur. Il vaut mieux un mauvais accouchement que ces coliques-là. Je lui ai donné une tisane d'herbes pour lui dilater les canaux, et il doit pisser dans un pot : on verra bien ce qui sort. Mais toi, ma belle, ça n'a pas l'air d'aller très fort...

— Je me suis encore fait attaquer. En fin d'après-midi. Je veux partir, Zoclette, je ne veux plus rester ici. Je ne sais pas où j'irai, mais peu importe : ça ne peut pas être pire. Toi-même, tu m'as dit que je ne dois rien à Garin et à Jéhanne, que je les ai déjà payés avec mon travail pendant toutes ces années. Ils ne m'aiment pas. Je ne suis qu'une bonne pour eux.

— Le temps viendra, ma princesse. Tu vaux mieux que tous ceux du village, je te le dis.

— Mais pourquoi c'est si difficile, Zoclette? Pourquoi ils ne me laissent pas tranquille? Même si je suis différente, même si je suis grosse et laide, même si je ne suis pas d'ici, pourquoi sont-ils si méchants avec moi?

— Prends-le comme un entraînement pour te forger le caractère, ma princesse.

— Mais pourquoi m'ont-ils recueillie? Si c'était pour me traiter ainsi, ils auraient mieux fait de me laisser mourir.

— C'est moi qui leur ai proposé de te recueillir, ma princesse, je te l'ai déjà dit. Je n'allais pas te laisser mourir, comme une petite crevette échouée sur le sable. Je donne la vie, moi, je ne la prends pas. Et Garin et Jéhanne, même si leurs intentions n'étaient pas tout à fait pures, ont accepté de t'élever. Ce n'est pas tous les jours qu'on trouve un bébé sur une plage. Tu n'étais pas plus grosse qu'une sardine, on n'allait pas te laisser là. Gaïg... C'est un joli prénom.

— Il n'est pas pareil à ceux des autres enfants... Mais pourquoi mes parents m'ont abandonnée? Même eux n'ont pas voulu de moi...

— Arrête de t'apitoyer sur toi-même. Qu'est-ce que c'est que tous ces « Mais pourquoi... »

qui commencent tes phrases? Quand on ne sait pas, on se tait. Tiens, bois un peu de tisane, et au lit. À ton âge, on doit dormir pour grandir. Tu ne voudrais pas rester toute petite, comme moi, quand même?

— Si, je voudrais. Au moins, je connaîtrais mes origines, je saurais que j'appartiens au peuple des Nains, et je me dépêcherais de quitter ces lieux et d'aller rejoindre mes semblables dans ton village de Jomo.

— Et tu crois que tu serais plus heureuse? La méchanceté existe aussi chez les Nains, tu sais. Ce sont des hommes, comme Garin, Jéhanne, et les autres. C'est pourquoi je te dis que le bonheur, c'est ici et maintenant, en toi, et pas à l'extérieur. Tu te laisses trop atteindre par les faits et gestes des autres. Défends-toi quand tu es attaquée, mais ne te remets pas en question parce qu'on se moque de toi. Tu es ce que tu es, ma princesse, et tu dois t'accepter. Allez, au lit, maintenant, avant qu'on ne s'aperçoive de ton absence.

Gaïg, docile, se leva et dit bonsoir à Zoclette; cette dernière la serra dans ses bras un peu plus fort qu'à l'accoutumée, comme pour lui insuffler du courage. Gaïg, ragaillardie, rentra discrètement chez Garin et Jéhanne et se glissa dans la couche qu'elle partageait avec les deux petits.

Elle nourrissait une certaine affection pour Ermeline, l'aînée aux yeux sombres, âgée de trois ans, et Colin, le gros poupon d'un an et demi. Peut-être que plus tard, ils la maltraiteraient aussi, mais pour le moment, ils l'aimaient bien, et elle prenait plaisir à s'occuper d'eux. Pourtant, c'était beaucoup de travail, ils réclamaient une attention constante, et Jéhanne se déchargeait sur Gaïg de tout ce qui dans l'éducation n'était pas câlins et mamours. Dire qu'il y en aurait bientôt un troisième...

3

Les jours se succédaient, le ventre de Jéhanne s'arrondissait, celui de Garin aussi, mais pas pour les mêmes raisons : il rentrait de plus en plus tard le soir, parfois dans un état d'ivresse avancée.

Gaïg mettait à profit ses parties de pêche pour se baigner. Elle avait toujours aimé l'eau, c'était un élément vital pour elle. Elle n'aurait pas pu vivre loin de la mer. Il lui fallait s'immerger, nager, s'enfoncer sous l'eau. Elle n'avait jamais *appris* à nager, ça lui était venu naturellement, elle avait toujours su. Plonger ne l'effrayait pas, contrairement aux autres enfants, et se déplacer sous l'eau ne présentait aucune difficulté pour elle. Cela lui avait permis plus d'une fois d'échapper à ses bourreaux, qui ne se risquaient plus à l'attaquer en mer.

Elle aimait l'odeur de l'océan, ce parfum d'iode et de varech, de poisson et de coquillage.

Les embruns, qui se déposaient en une couche un peu grasse de poussière et de sable mélangés, sur tout ce qui l'entourait, faisaient partie de son univers, de même que le tiraillement du sel sur sa peau et son goût sur sa langue. Le bruit des vagues déferlant sur la plage délimitait ses nuits : il constituait sa berceuse du soir et provoquait son réveil le matin. Les tempêtes lui donnaient envie de se jeter à l'eau et de disparaître sous l'agitation de la surface, même si elle ne s'y risquait pas, plus par peur de se faire gronder que par crainte des éléments.

Elle se nourrissait volontiers des produits de la mer : crevettes, crabes, coquillages, et même d'algues. Elle aimait la mer et ses habitants, mais elle avait aussi conscience d'une chaîne alimentaire dans laquelle les grosses bêtes mangeaient les petites, ou inversement.

Gaïg se déplaçait aussi bien sous la mer que sur la terre, et sa capacité pulmonaire était largement supérieure à celle des autres enfants. Elle pouvait retenir sa respiration beaucoup plus longtemps que la moyenne, et s'entraînait régulièrement pour améliorer ses performances, déjà remarquables. Elle considérait que la couche de graisse qui faisait d'elle une fillette dodue sujette aux railleries des autres villageois la métamorphosait en petite otarie, et que c'était bien joli, ma foi.

Passant le plus clair de ses baignades sous l'eau, elle connaissait le paysage sous-marin qui entourait le village aussi bien que le village lui-même. Les rochers qui se trouvaient de chaque côté de l'anse se rejoignaient au large en un arc de cercle, interrompu par des passes de sable noir. Dans les rochers se trouvaient des crevasses plus ou moins profondes, habitées par une diversité incroyable d'animaux. Gaïg avait une bonne connaissance de la faune et de la flore subaquatiques, elle pouvait nommer à peu près tout ce qu'elle voyait d'animal ou de végétal sous l'eau.

Elle avait parfois le sentiment de pouvoir communiquer avec les animaux marins : elle entendait des voix dans sa tête qui auraient pu être les leurs, et il lui semblait que chaque fois qu'elle plongeait, c'était un concert de « La voilà, la voilà ». Gaïg se disait qu'elle imaginait tout cela, mais que c'était bien agréable de rêver, et elle leur tenait de longs discours.

Plusieurs créatures avaient un domicile fixe dans une anfractuosité de rocher, comme les poulpes, les mérous, les anémones, certains coquillages, mais la plupart se déplaçaient constamment. Il lui semblait qu'elle en avait apprivoisé quelques-uns, mais elle n'en était pas tout à fait sûre. En tout cas, elle en reconnaissait certains : il y avait, entre autres, le vieux poulpe à sept tentacules et demi dans une caverne cachée par des algues, avec une colonie de murènes respectables disséminée tout autour.

Les murènes étaient ses amies depuis le jour où, poursuivie par Guillaumine et ses deux fidèles acolytes, Colombe et Irénice, Gaïg avait plongé, sorti une murène de son trou et l'avait brandie sous le nez des attaquantes. Celles-ci avaient hurlé de peur et rejoint la terre ferme à toute vitesse, récoltant au passage quelques épines d'oursins et des brûlures de méduses. Gaïg avait eu l'impression, ce jour-là, que tout le petit peuple sous-marin s'était ligué pour prendre sa défense. Du moins, avait-elle envie de le croire, puisque la murène ne l'avait pas mordue.

Elle en avait identifié une énorme qu'elle avait surnommée la Reine des Murènes, non seulement à cause de l'épaisseur de ses lèvres et de sa taille étonnante, qui laissait supposer un âge vénérable, mais surtout à cause du Cadeau.

Gaïg n'avait jamais rien possédé en propre, et elle s'en accommodait fort bien : le désir de possession vient avec la chose possédée. N'ayant jamais rien eu de bien à elle, elle n'imaginait pas être propriétaire de quelque chose un jour. Tout ce qui était précieux à ses yeux lui venait de la mer, et elle pouvait aussi bien remettre ses trésors là où elle les avait pris : dans son esprit, ils ne lui appartenaient pas. C'était à la mer, qui les lui avait prêtés.

De ce fait, Gaïg avait toute une collection de délicats coquillages nacrés, finement ourlés, une série de petits crabes séchés récoltés sur les rochers, quelques algues sèches et cassantes, des coraux et des madrépores aux formes tourmentées, ou de simples galets. Mais tous ces petits trésors, si brillants sous l'eau, perdaient leur éclat après quelques heures au soleil. Les couleurs pâlissaient, se ternissaient, et il fallait les mouiller pour retrouver l'enchantement sous-marin. Sauf le Cadeau. Il était le seul à garder son éclat hors de l'eau, même après des années.

Gaïg n'avait jamais compris pourquoi la Reine des Murènes lui avait offert ce fabuleux présent, alors qu'elle était encore toute jeune.

Elle avait plongé comme d'habitude pour se purger d'une colère à moitié refoulée, quand un éclat lumineux avait attiré son attention. On aurait dit qu'on l'appelait. Cela venait de la Reine des Murènes.

Elle s'était dirigée vers la caverne et avait été pétrifiée d'admiration devant la chose qui se trouvait là, scintillant de mille feux selon les jeux de l'eau et du soleil.

Gaïg avait tout de suite été sûre que c'était la première fois qu'elle voyait dans la grotte ce qui paraissait être un anneau. Elle avait rendu visite à la Reine des Murènes la veille encore, elle n'aurait pas manqué de le voir s'il avait été là.

Elle avait nagé doucement en regardant l'objet, fascinée par les jeux de lumière qui s'en dégageaient, et dont elle ne pouvait détacher les yeux. Il lui avait semblé que le temps s'était arrêté, et qu'elle entendait une musique toute marine dans sa tête. La Reine des Murènes ondulait lentement au-dessus, avec des mouvements élégants et sinueux. Cela avait été le plus beau spectacle auquel il lui avait été donné d'assister à ce jour, et elle ne pouvait s'en éloigner. Cela tenait du conte de fées, des histoires que lui racontait Zoclette sur les Nains dénicheurs de diamants dans les montagnes de Sangoulé, et Gaïg avait craint de rompre l'enchantement. Mais elle avait déjà battu son record en apnée et elle avait dû remonter respirer.

Ayant replongé aussitôt, elle avait été étonnée de retrouver la même vision : c'était réel, ce n'était pas un rêve. Sans même le réaliser, elle avait fait une caresse à la reine, comme pour la remercier de la splendeur qu'elle lui offrait. Il ne lui était même pas venu à l'esprit de prendre le bijou : elle savait qu'une fois sorti de l'eau, il perdrait son éclat, comme tout ce qu'elle avait déjà ramassé auparavant. Le spectacle était tellement enchanteur qu'il ne fallait pas le modifier. Il suffirait d'un rien pour briser le charme, et ce serait dommage.

Après plusieurs retours à la surface pour reprendre son souffle, Gaïg avait fait le plein d'images pour se souvenir, et elle s'apprêtait à partir, en se promettant de rendre visite à la Reine des Murènes le lendemain. Cette dernière s'agitait dans sa retraite, et il semblait qu'elle disait à Gaïg : « Prends, c'est pour toi ». Gaïg avait avancé la main, puis l'avait retirée aussitôt, en remuant la tête : non, ce n'était pas à elle, elle ne pouvait le prendre, l'anneau appartenait à la Reine des Murènes. C'était peut-être sa couronne?

Elle avait répété le manège plusieurs fois quand, d'un coup de queue, la reine avait projeté l'anneau sur le sable devant la caverne. La musique étrange qui emplissait les oreilles de Gaïg s'était accrue. Elle avait contemplé un moment le joyau avant de le ramasser.

Finalement, elle l'avait passé à son doigt, simplement pour voir l'effet que cela ferait. La mélodie était devenue plus forte, Gaïg avait eu l'impression que la bague s'adaptait à son doigt, et que la Reine des Murènes lui souriait.

4

S'il n'y avait pas eu le bijou pour lui prouver le contraire, Gaïg aurait cru avoir rêvé la scène. Elle était restée un long moment sur la plage, à l'abri des rochers, à contempler son doigt. La bague était formée en réalité de deux anneaux entrelacés, qui semblaient n'en former qu'un seul quand elle l'enfilait. Si elle la tenait dans sa main et que les anneaux étaient séparés, ils formaient un huit. Gaïg s'était amusée à enfiler les anneaux dans deux doigts différents, un pour chaque doigt, puis à les remettre dans le même doigt. Le joyau n'était fait d'aucun métal qu'elle connaissait, même de nom : il semblait fait de lumière. Et toujours cette musique marine dans la tête, composée de rires, de vagues, de vent dans une conque, comme si quelque chose d'important venait d'avoir lieu.

Gaïg s'était sentie apaisée, en harmonie avec elle-même et avec l'univers aquatique qui l'entourait. Mais elle se rendait compte qu'elle ne pouvait garder le bijou, ayant décidé que c'était la couronne de la Reine des Murènes. Il se faisait tard, mais elle avait plongé une dernière fois pour la lui rapporter : il n'y avait personne dans la caverne royale.

C'était un cadeau, il était impossible de s'y tromper. Gaïg avait le cœur rempli de joie, et ne pouvait détacher son regard de la bague. En attendant, il lui fallait la cacher, car personne ne la croirait si elle racontait ce qui lui était arrivé. Non seulement le précieux objet lui serait confisqué, mais en plus, elle se ferait traiter de voleuse. Comme s'il y avait eu quelqu'un d'assez riche au village pour posséder un tel bijou...

Gaïg savait où dissimuler son fabuleux présent. Elle avait un repaire secret, pas très grand, certes, mais quasi invisible de l'extérieur. Zoclette, avec sa prodigieuse intuition de Naine, avait découvert une petite caverne pas très loin de chez elle, et elle l'avait en quelque sorte offerte à sa jeune amie. Quand Gaïg, si jeune, trouvait que la vie était un fardeau bien lourd à porter, elle se réfugiait dans sa grotte, dans sa coquille, comme elle disait. Là, elle se pelotonnait à même le sol, essayant de disparaître, de ne plus exister que par le léger souffle qui sortait de ses narines, et elle devenait une ombre ténue qui n'existait plus que par la pensée, une ombre de pensée.

« Si on n'existe pas, on ne souffre pas, se disait-elle. Je ne peux pas mourir, je suis trop jeune pour ça. Mais je peux diminuer mon existence. Moins j'existe, moins j'ai mal. »

Le raisonnement était simpliste, mais Gaïg, championne d'apnée, diminuait sa respiration et ce qui la reliait à la conscience d'exister. Au bout d'un moment, la souffrance s'atténuait, jusqu'à devenir aussi déliée que son souffle, et elle pouvait alors recommencer à vivre.

C'est dans cette caverne qu'elle cachait ses trésors, presque tous venus de la mer. Son refuge n'était pas inexpugnable, il était simplement très bien dissimulé, en contrebas d'épais fourrés qui poussaient dans un amas rocheux. Gaïg n'y accédait jamais de face : elle longeait un étroit passage, indécelable entre la falaise et les buissons, sur une quinzaine de pas avant d'arriver à l'orée de la grotte. Un éperon rocheux s'avançait au-dessus de l'entrée et garantissait une certaine invisibilité depuis le haut. Gaïg, pour s'assurer qu'elle n'était pas suivie, restait toujours assise un moment au pied d'un chêne plus que centenaire qui poussait à proximité du chemin, dérobée à la vue entre les racines noueuses du tronc. Quand elle était sûre d'être seule, elle s'engageait dans les fourrés en faisant mine de se promener, et elle attendait encore un moment, prête à ressortir comme s'il n'y avait là rien d'intéressant, dans le cas où quelqu'un surgirait. Elle faisait attention d'utiliser un chemin différent chaque fois qu'elle s'engageait dans les broussailles afin de ne pas piétiner la terre, ce qui indiquerait l'existence d'un sentier à partir du chemin principal.

Gaïg était consciente de la précarité de son repaire, mais elle n'avait rien de mieux à sa disposition pour protéger sa solitude. Elle n'aurait pas été davantage à l'abri chez Garin et Jéhanne, qui lui auraient immédiatement trouvé une occupation, et encore moins n'importe où dans le village. Quant à espérer trouver une cachette dans la maison ou dans les alentours, il n'y fallait même pas songer : Gaïg, sujet de moqueries pour les enfants, passait rarement inaperçue, où qu'elle aille.

Cette caverne était le seul endroit où elle pouvait laisser l'anneau : le porter à son doigt, c'était la confiscation assurée, ne serait-ce que par les adultes qui l'entouraient. Qui sait, peut-être qu'elle avait une très grande valeur, cette bague? Même si Gaïg n'avait qu'une notion très relative du coût des choses, elle savait que tout avait un prix. Elle pressentait que Garin et Jéhanne argueraient de ce qu'elle leur coûtait en vêtements et en nourriture pour réclamer le joyau. Or, c'était un cadeau de la Reine des Murènes, Gaïg en était sûre.

Elle l'avait caché dans une coquille vide ramassée sur la plage, avait négligemment posé des algues dessus, et l'avait transporté ainsi en lieu sûr.

* * *

Cela faisait maintenant deux ans que son trésor était en sécurité dans sa cachette, sans avoir rien perdu de son éclat : Gaïg ne l'avait jamais montré à personne, n'en avait jamais parlé non plus, même pas à Zoclette. C'était son secret, son remède. Qu'elle se sente triste et seule, ou en colère contre tout le village, elle trouvait un apaisement dans la contemplation de la bague. Elle l'enfilait successivement dans chacun de ses dix doigts, dans ses orteils; elle la prenait, la soupesait, la tournait, l'examinait, jouait avec les deux anneaux entrecroisés, la plaçait dans un rayon de soleil, jusqu'à ce qu'elle oublie pourquoi elle avait eu besoin de se réfugier dans sa caverne. Et le joyau, docile, semblait chaque fois s'adapter à la circonférence nouvelle qui lui était offerte.

La bague gardait son mystère quant à la matière dont elle était faite. Elle scintillait autant qu'au début, envoyant des feux comme un diamant en plein soleil, même si elle était dans la pénombre ou l'obscurité totale. La brillance émanait d'elle, pas de la lumière environnante. Gaïg avait discrètement interrogé Zoclette sur les fouilles effectuées par les Nains dans le sol, espérant ainsi résoudre l'énigme du matériau. Zoclette était restée vague, déclarant que les Nains trouvaient dans la terre des pierres précieuses et différents métaux, certains plus rares que d'autres.

— C'est tout? avait insisté Gaïg.

— Que veux-tu y trouver d'autre?

— Je ne sais pas, moi, des choses magiques et rarissimes, qu'eux seuls peuvent découvrir.

— Il y a aussi ce qu'on appelle les Terres singulières et le Minerai sacré.

— C'est comment?

— Ils ont des propriétés particulières. Depuis quand t'intéresses-tu aux activités des Nains, princesse curieuse?

Gaïg avait saisi une lueur d'intérêt dans les yeux de la Naine et avait jugé plus prudent de ne pas éveiller davantage son attention.

— Oh, pour rien. Comme ça. Tu crois que je pourrais appartenir au peuple des Nains, si je le voulais? avait-elle demandé pour changer de conversation.

S'en était suivi une longue discussion avec Zoclette sur l'acceptation de soi et de son destin, même quand il semblait contraire à ce qu'on désirait. Gaïg aurait aimé en savoir plus sur les Nains, mais Zoclette ne paraissait pas désireuse d'approfondir la conversation, même sur un sujet apparemment aussi neutre que les pierres précieuses et les métaux. Gaïg n'avait plus osé poser de questions sur les Terres singulières et le Minerai sacré. Zoclette avait aussi son jardin secret, et ne révélait que ce qu'elle voulait bien. Son pays d'origine était sous la terre, sous les montagnes de Sangoulé, caché aux yeux du monde extérieur. Les Nains sont taciturnes de nature, il ne fallait pas l'oublier.

Elle s'était promis de reprendre la conversation une autre fois, en partant d'un sujet très éloigné pour ne pas éveiller les soupçons. Bien que colérique et impulsive, Gaïg était capable de patience et de finesse. La vie n'était pas facile pour elle, et elle avait acquis une maturité précoce pour son âge, ayant dû plus d'une fois affronter l'adversité. À la fois naïve et intelligente, Gaïg, à dix ans, était un mélange d'enfant et de femme mûre, avec un rien d'amertume dans le cœur.

L'amitié que lui portait Zoclette l'avait aidée plusieurs fois à accepter sa situation. Elle avait toujours en tête l'arrière-pensée de quitter le village, mais Zoclette l'en avait dissuadée.

— Pour aller où, ma princesse? Tu n'es qu'une fillette. Qui s'occuperait de toi? De quoi vivrais-tu?

Gaïg se rendait compte que Zoclette avait raison, tout au moins au début, quand elle était encore toute petite. Mais, au fur et à mesure qu'elle grandissait, elle se sentait de plus en plus autonome, capable de subvenir elle-même à ses besoins.

— Tu pourrais venir avec moi, Zoclette. Si tu me protèges, je ne crains personne. Je travaillerai pour nous deux. Ou bien je pêcherai, et tu creuseras la terre. Tu trouveras des pierres précieuses, et nous les vendrons, et nous deviendrons riches. Tu achèteras un palais dans une ville loin d'ici, mais près de la mer, et tu diras que je suis ta fille, et nous serons heureuses.

Zoclette finissait toujours par éclater de rire.

— Comme tu arranges bien ma vie, sans me consulter! Qui te dit que je ne suis pas heureuse ici? J'ai un métier, j'ai déjà un palais derrière ma maison, et je peux creuser la terre si je veux.

— Oui, mais les habitants du village ne sont pas gentils avec toi. Ils ne t'aiment pas vraiment : ils se servent de toi parce que tu les soignes, c'est tout. En plus, ils croient que tu utilises des plantes. S'ils savaient que la majeure partie du temps, tu utilises des poudres de pierre, ils feraient exprès de ne pas aller mieux, pour prétendre que tu n'es pas une vraie guérisseuse. Tu ne veux pas m'apprendre les secrets des pierres, dis? Je suis sûre que je ferais une bonne Naine. Mais la mer me manquerait, quand même...

— Tu es ce que tu es, ma princesse, pourquoi veux-tu changer? Tu aimes le soleil et la mer, et tu voudrais vivre sous terre? Comment ferais-tu, dans l'obscurité, avec des lacs d'eau sombre et froide, presque sans habitants? Le temps de partir n'est pas encore venu. Quand ce sera le moment, je m'en irai. Et toi aussi, ma princesse.

Zoclette était toujours un tantinet mystérieuse, elle s'exprimait parfois par des sous-entendus, puis se taisait.

5

Ce matin-là, Gaïg avait dû, comme d'habitude, s'occuper de Colin et d'Ermeline, tout en faisant le ménage. Elle vit arriver l'heure de la sieste avec soulagement : elle serait enfin libre. Jéhanne, dont la taille se faisait de plus en plus imposante, se couchait avec ses petits, et dormait une bonne partie de l'après-midi.

La vaisselle faite, les plats rangés, la table nettoyée, Gaïg fonça chez Zoclette. Ne trouvant personne, elle s'installa, un peu indécise, sur une pierre près de l'entrée. Zoclette était parfois appelée en urgence auprès d'un malade ou d'une femme en gésine, et son absence pouvait se prolonger.

Gaïg contemplait ses pieds, et les trouvait larges et plats. Ses orteils lui semblaient très écartés : peut-être parce qu'elle marchait toujours pieds nus... Elle se promit de s'acheter des chaussures quand elle serait riche. Puis elle examina ses mains : courtes et larges, aussi, avec une fine membrane de peau entre les doigts. Celle-ci se déployait quand elle écartait les doigts. Mais c'était bien pratique, pour avancer dans l'eau, comme de petites nageoires discrètes. Elle savait qu'elle avait la même membrane entre les orteils. Est-ce que tout le monde était comme ça? Peut-être que les autres avaient raison, qu'elle n'était pas normale…

Elle ne s'était jamais trop attardée sur son surnom, l'attribuant à la méchanceté des enfants, mais peut-être qu'elle était réellement une *poissonne*. Elle n'ignorait pas qu'elle avait la bouche large et les yeux écartés, on le lui avait assez répété, mais elle ne s'était jamais perçue comme fondamentalement différente de Guillaumine ou des autres. Il faudrait qu'elle examine leurs mains et leurs pieds, pour comparer. Ce ne serait pas facile, Gaïg les évitant le plus souvent possible.

Elle avait bien essayé de se joindre à leurs jeux, dans le passé. Toute petite, elle n'avait pas éprouvé de difficulté. Mais en grandissant, ils l'avaient tenue de plus en plus à l'écart, sous prétexte qu'elle était grosse et maladroite, et qu'elle sentait la mer à force d'y tremper. Gaïg ne comprenait pas où était le problème : ça sentait bon, la mer, et l'océan, c'était un voyage en soi. Le fait qu'elle soit grassouillette en avait fait un objet de risée, et elle s'était éloignée d'eux petit à petit, préférant la tranquillité de la solitude aux railleries. Les galopins s'étaient alors enhardis, et avaient commencé à la maltraiter physiquement. Rien de bien grave, mais Gaïg s'était défendue, et son attitude avait mis le feu aux poudres.

Les drôles voulaient seulement s'amuser à ses dépens. Comme elle avait été trouvée et recueillie, ils ne s'attendaient pas à ce qu'elle fasse preuve de résistance et qu'elle se défende.

— Mais pour qui se prend-elle, la Poissonne? D'où sort-elle? On ne sait même pas qui elle est. Hé, la Poissonne, t'as vu ta bouche? C'est pour casser les coquilles d'huîtres, tes dents? Tu es laide et tu nous fais mal. Va-t'en, retourne chez les baleines!

Et ç'avait été l'escalade. Maintenant, c'était la guerre ouverte. Chacun considérait que c'était l'autre qui avait commencé, et il y avait toujours une vengeance de retard.

Grande pour son âge, costaude malgré sa graisse, aussi à l'aise dans l'eau que sur terre, Gaïg attendait de se retrouver dans la mer pour se venger. Quand ses ennemis se baignaient, elle nageait sous la surface et les tirait par les pieds pour les effrayer. Au début, elle réapparaissait au milieu d'eux, pour savourer sa victoire, avec l'espoir de se faire respecter.

— T'as eu peur, hein? Oui, c'est moi. Et chaque fois que tu me pinceras ou me tireras les cheveux, je recommencerai. À partir de maintenant, gare à toi!

Les enfants s'étaient plaints à leurs parents. Les adultes s'en étaient mêlés, et Gaïg avait eu tous les torts.

Elle avait arrêté, comprenant qu'ils n'avaient pas son aisance dans l'eau, et que ça pouvait devenir dangereux. Mais avec l'assurance de ceux qui ont gagné alors qu'ils ont tort, les enfants avaient continué; Guillaumine avait transformé la Poissonne en la Poisse, et Gaïg était devenue leur souffre-douleur. Elle avait donc affiné ses techniques de défense en développant des itinéraires parallèles pour éviter les rencontres désagréables, et en se trouvant des cachettes multiples, toutes aussi peu sûres les unes que les autres. Son ultime recours, quand elle les sentait déchaînés, consistait à se précipiter à l'eau, là où elle était certaine qu'ils ne la suivraient pas.

Malheureusement, ce n'était pas toujours possible : si elle avait un paquet en main pour Garin ou Jéhanne, elle ne pouvait risquer de le mouiller. Auquel cas, Gaïg remettait sa vengeance à plus tard. La baignade avec les autres enfants lui était interdite, mais elle plongeait très loin d'eux et accomplissait son trajet entre deux eaux. Lorsqu'elle arrivait à leur niveau, elle leur égratignait les jambes avec une coquille fraîchement cassée, ou les enfermait dans un cercle d'algues assez vaste pour qu'ils ne s'en aperçoivent qu'au moment de sortir du bain. Une fois, elle avait transporté des oursins dans un tissu jusqu'à l'endroit où ils se baignaient, et s'était réjouie un moment de leurs hurlements quand ils avaient posé les pieds dessus.

Mais Gaïg n'était pas foncièrement méchante, et elle avait légèrement regretté sa vengeance. Elle n'avait plus utilisé les oursins. Elle avait alors eu recours aux méduses, avec le même succès et les mêmes remords. Le visage boursouflé de Colombe et les brûlures sur les jambes de Pélage, un garçon blond et stupide, prétendument amoureux de Guillaumine – qui l'ignorait superbement sauf quand elle avait besoin de lui comme factotum –, l'avaient un peu bouleversée. Un peu, seulement. Après tout, ils l'avaient bien cherché. Et parfois, c'était elle qui les avait, les égratignures de ronces et les brûlures d'orties.

Gaïg se sentait victorieuse, elle savait que même pousser un banc de poissons minuscules au milieu des enfants effrayait ces derniers, et elle se contentait désormais de vengeances de ce type, provoquant des frayeurs innocentes. Même si elle n'avait jamais été prise sur le fait, les enfants se doutaient qu'elle était à l'origine de ce qui se passait sous la surface. Ils prétendaient qu'elle commandait aux poissons, et que ceux-ci lui obéissaient.

— Au fond, c'est toi la plus puissante, lui disait Zoclette. Ton pouvoir est caché, mais réel. Le pouvoir, ce n'est pas ce qu'on a, c'est ce que les autres croient qu'on a.

Gaïg avait mis du temps à comprendre ces paroles. Une fois qu'elle en avait saisi la portée, elle avait laissé s'amplifier les bruits qui couraient sur son compte, et en avait même rajouté.

— Les murènes sont mes amies. Elles m'obéissent. Et elles mordent très fort, vous le savez. Et je peux dire aux poissons venimeux de venir là où vous vous baignez. Et il y a des monstres que je peux faire remonter des grands fonds, comme les poulpes géants. Et les sirènes me parlent aussi.

Les enfants n'étaient pas totalement dupes, mais ils se méfiaient suffisamment pour n'attaquer Gaïg que sur la terre ferme. Ils se baignaient de moins en moins, sans s'éloigner de la plage, ce qui agrandissait le domaine marin de Gaïg.

Zoclette avait essayé de lui faire entendre raison.

— Tu dois dépasser tout cela, ma princesse. On ne peut plaire à tout le monde. Défends-toi quand tu es attaquée, mais ne te laisse pas posséder par la rancœur. Tu dois apprendre à vivre sans tenir compte des autres, au lieu de raconter des histoires.

— Ce ne sont pas des histoires, Zoclette. Les poissons sont mes amis, et les murènes ne m'ont jamais mordue. Et il y a une sirène qui me rend visite parfois. Elle ne me parle pas, mais elle me regarde, et je l'aime. Et le poulpe à sept tentacules et demi est mon allié, il s'est enroulé une fois autour des jambes de Guillaumine pour me défendre. Et la Reine des Murènes m'a fait un cadeau...

Gaïg s'était mordu les lèvres. Zoclette la regardait, une lueur interrogative dans le regard.

— Et ensuite, ma princesse?

Mais Gaïg s'était tue, elle en avait déjà trop dit, et si elle en doutait, le regard perçant de Zoclette levait ses dernières incertitudes.

Gaïg se remémorait cette conversation alors qu'elle se trouvait dans la cour de Zoclette, qui n'était toujours pas arrivée. Elle lui semblait tout à coup bien mystérieuse, cette Nihassah, détentrice d'un savoir que Gaïg supposait immense, sans pour autant arriver à le cerner.

Elle ne s'était jamais posé beaucoup de questions sur Zoclette, mais tant qu'à s'interroger sur elle-même, elle pouvait aussi bien essayer d'élucider le mystère de cette *princesse noire.*

D'abord, où était-elle? Pourquoi n'était-elle pas encore rentrée? Cela lui arrivait de plus en plus fréquemment de disparaître sans qu'on sût où elle se trouvait. Elle prétendait toujours avoir été appelée au chevet d'un malade, et Gaïg n'avait jamais pensé à vérifier. Mais était-il vraisemblable qu'elle reste absente plusieurs jours, à cause d'un patient? Et qui étaient-ils, ces patients présumés, alors que le village semblait en bonne santé? Et pourquoi Zoclette était-elle si gentille, si attentionnée envers elle, alors que les villageois la repoussaient? Non seulement elle lui avait confié le secret de sa maison, mais elle lui avait également montré une caverne, dont elle lui avait laissé l'entière jouissance. Elle était là, aux côtés de Gaïg, présente et discrète en même temps, remplie d'une sollicitude sans indulgence, mais affectueuse quand même.

Mais pourquoi parlait-elle toujours comme si elle connaissait l'avenir? « Sans doute à cause de l'expérience acquise au cours des ans, se dit Gaïg. Les Nains vivent très longtemps, plusieurs centaines d'années, et Zoclette est très vieille. Elle a connu le Premier Exode des Nains, qui a eu lieu il y a plus d'un siècle, maintenant. Quel âge peut-elle avoir? Trois cents ans? Quatre cents? Cinq cents? Quel est l'âge maximum atteint par les Nains? » Les nombres étaient trop grands, ils ne signifiaient plus rien pour Gaïg.

Toutes les connaissances qu'elle possédait sur le peuple des Nains lui avaient été inculquées par Zoclette, mais elle se rendait compte à quel point elles étaient superficielles : elle en savait à peine plus que tout le monde, finalement. Mais s'était-elle réellement intéressée à ces gens? Avait-elle jamais interrogé Zoclette de façon sérieuse sur son passé, sur son histoire et sur celle de son peuple? Gaïg se vit tout à coup comme un monstre d'égoïsme, qui trouvait normal l'intérêt que Zoclette lui portait : un vampire, une petite lamproie qui se nourrissait de l'autre par succion.

Pauvre Zoclette! Comme elle avait dû se sentir seule, parfois, dans ce monde qui n'était pas le sien, loin de son village de Jomo, dans les monts d'Oko. Gaïg, qui s'était parfois moquée d'elle et de son aversion pour la mer, n'avait pas agi de façon plus intelligente que Guillaumine, Pélage, et les autres : elle avait fait de la différence un objet de dérision, au lieu d'essayer d'accepter et de comprendre.

Elle se promit de faire mieux à l'avenir, et comme Zoclette arrivait sur ces entrefaites, elle lui sauta au cou dans un élan d'amour et de culpabilité mélangés.

— Ô, ma Zoclette, toi aussi, tu es ma princesse, ma princesse noire, et je t'aime plus que tout au monde. Tu me raconteras ta vie, dis? Tu me parleras du peuple des Nains? Tu peux me demander ce que tu veux, tu sais. J'irai pêcher pour toi. As-tu besoin de quelque chose? Tu dois être fatiguée. Quel âge as-tu, au fait? Est-ce vrai que les Nains vivent très longtemps? Jusqu'à quel âge? Et comment vit-on, sous la terre? Tu me montreras, dis? Tu me raconteras ta vie?

L'ébahissement manifesté par Zoclette fit réaliser à Gaïg l'impétuosité dont elle faisait preuve. Elle abandonna sa fougue pour une attitude plus réfléchie, non sans avoir serré et embrassé son amie une dernière fois.

— Hé bé, ma princesse, quel accueil! Je devrais te faire attendre plus souvent... C'est bien agréable, remarque. Et moi aussi, je t'aime beaucoup. Mais que de questions! Que de points d'interrogation! Que veux-tu savoir sur les Nains?

— Tout! Je veux tout savoir. Sur toi et sur les Nains. Tout.

— Hum! Oui, d'accord. Et tout de suite, je suppose, là, maintenant, en l'espace de quelques minutes? Mais pourquoi ce subit intérêt?

Gaïg, un peu honteuse, n'osait parler de la prise de conscience de ce qu'elle considérait comme de l'égoïsme de sa part.

— Comme ça. Parce que j'ai envie de savoir des choses sur toi. Tu me feras visiter ta caverne, dis? Tu me la montreras? Je ne l'ai vue qu'une fois...

— Qu'est-ce qui t'intéresse, dans ma caverne? Elle me sert à ranger des choses, entre autres. Il y fait sombre, tu sais. Les Nains voient dans le noir, mais pas les princesses des mers. Tu aurais peur.

— Pas si tu es avec moi. Et je m'habituerai à l'obscurité, c'est tout.

— Tu veux la voir maintenant?

Le sautillement sur place de Gaïg, le sourire qu'elle afficha, l'éclair d'allégresse dans ses yeux constituèrent déjà sa réponse avant l'émission d'un oui ravi et impatient.

6

La maison de Zoclette était l'une des rares du village à posséder des murs de pierre. À l'arrière, la jonction avec la falaise ne se voyait pas : une abondante végétation avait envahi les côtés de l'habitation.

De face, c'était une demeure assez ordinaire, qui, mis à part l'utilisation de la roche comme matériau de construction, ne se distinguait en rien des autres : un toit de chaume, des fenêtres exiguës et une porte en bois, assez basses puisque Zoclette n'était pas bien grande. Gaïg eut l'impression de découvrir la maison avec un œil neuf : maintenant, elle lui paraissait petite. La présence des murs de pierre s'expliquait par les origines de Zoclette; c'était déjà étonnant qu'elle ait fait cette concession au monde extérieur en n'habitant pas une caverne. Et de toute façon, elle habitait une caverne, même si Gaïg était la seule à le savoir.

Elle pénétra dans le logis à la suite de Zoclette et fut saisie par la taille des lieux. La maison semblait beaucoup plus modeste vue de l'extérieur.

Zoclette laissa à Gaïg le temps de s'habituer à la pénombre environnante. Il était évident que la Naine avait voulu créer une ambiance souterraine dès l'entrée, afin de se sentir vraiment chez elle. Le choix d'ouvertures étroites dans les murs n'était pas dû seulement à la taille de l'occupante…

Un certain désordre régnait dans la pièce, Zoclette ne semblait pas très à cheval sur le nettoyage. Après tout, la poussière, c'est de la pierre en poudre, pensa Gaïg. Si Jéhanne pouvait accepter cette idée, elle ne me ferait pas épousseter ses horribles meubles. Heureusement qu'elle n'en a pas beaucoup...

Gaïg ne fut pas trop étonnée par les nombreuses plantes qui séchaient, accrochées au plafond. Chez une guérisseuse, c'était normal, après tout. Et la demeure de la Naine, sombre et fraîche, se prêtait bien à cet emploi. Une multitude de sacs en tissu étaient suspendus un peu partout, sur les murs comme au plafond. Gaïg supposa qu'ils contenaient aussi des plantes séchées. Elle fut un peu plus étonnée par l'abondance des pierres éparpillées sur le sol, sur les meubles, et leur surprenante diversité. Des échantillons innombrables de roches étaient disséminés sur tout ce qui pouvait servir de support, les gros supportant les petits.

Elle suivit en silence Zoclette dans la pièce du fond. Zoclette aussi était silencieuse. Gaïg se demanda si elle avait été indiscrète. Mais la curiosité était la plus forte. Elle saisit la main de la Naine, comme pour se faire pardonner ce vilain défaut en lui témoignant de l'affection. Zoclette était son amie, les amis partagent tout, et Zoclette partageait avec elle un peu de son intimité. Gaïg se promit, en échange de ce témoignage de confiance, de lui parler de la bague et de la lui montrer. Après...

La deuxième pièce était beaucoup plus exiguë, mais aussi mal rangée que la première. Gaïg sourit en pensant que sa grande amie était désordonnée. L'impression générale était celle d'un bric-à-brac, d'un fouillis uniforme de plantes, de roches et de sacs en tissu de toutes les tailles. L'idée que Zoclette n'était pas parfaite lui plaisait énormément, et elle l'en aima davantage.

Gaïg fut surprise de ne pas voir l'entrée de la caverne. Ses souvenirs, même imprécis à cause du temps écoulé, plaçaient celle-ci dans le mur du fond, au milieu, le mur étant composé par la falaise elle-même.

— Alors, tu es prête, ma princesse? On y va?

— Oui, mais où? Je ne vois rien. Où est l'entrée?

— Là, devant toi.

— Où?

Gaïg était perplexe : elle ne voyait rien qui, de près ou de loin, pouvait ressembler à une ouverture, et encore moins à une grotte.

— Alors, c'est que j'ai bien réussi à la dissimuler. Viens, chuchota Zoclette en la tirant en avant.

C'est quand elle eut le nez dessus que Gaïg comprit : l'entrée était effectivement là, devant elle. Les deux parois du fond n'étaient pas au même niveau; il y en avait une devant et une derrière, séparées par un boyau qui partait sur la droite. De loin, les parois semblaient n'en former qu'une seule. Cette impression était accentuée par les trois couches de pierre qui formaient des strates légèrement inclinées, de couleurs différentes, se prolongeant de part et d'autre. L'orientation vers la droite du tunnel d'entrée donnait l'impression d'une surface unique.

— Comment tu as fait ça? C'est incroyable, s'écria Gaïg.

— Le travail de la pierre, c'est la spécialité des Nains, je te rappelle, rétorqua Zoclette.

Gaïg examinait le mur du fond, avec ses trois couches de roches différentes : il avait un aspect tout à fait naturel. Elle savait que la Naine utilisait des poudres de pierre pour soigner les gens, qu'elle aimait tout ce qui venait du sol et qu'elle avait une vaste connaissance de tous les constituants du sous-sol. Mais pour obtenir quelque chose d'aussi artistiquement naturel, il fallait être un peu sorcière. Ou fée. Ou Naine.

— Le tunnel allait tout droit, avant, il me semble. Il s'enfonçait directement dans la falaise, non?

— Oui, *avant*, comme tu le dis si bien. J'ai un peu changé la disposition des lieux.

— Mais comment tu as fait? Tu as creusé?

— Les pierres, ça se déplace, ma princesse.

— Oui, les pierres. Mais pas un mur. Pas une falaise. Pas une montagne.

— Eh, qu'en sais-tu? Tout dépend du temps qu'on est prêt à y passer...

Gaïg regarda Zoclette, se demandant si elle plaisantait.

— Il n'y a pas que ce que tu connais qui existe, ma princesse. Ce monde est bien plus grand que tu ne le crois. Et il est vieux, très vieux. Toutes sortes de choses ont eu le temps d'apparaître et de disparaître. Ce village n'est qu'une infime partie de ce qui existe. Et ce que tu connais est dérisoire, par rapport à ce qui est.

Gaïg se tut. Elle se sentait dépassée. Elle ne savait plus qui était Zoclette, et cette dernière accroissait encore le mystère qui l'environnait. Elle avança, précédée de la Naine qui ne lui avait pas lâché la main, surprise par l'étroitesse du boyau qui l'entourait.

— C'est juste à ma taille, tu vois. Quand tu étais venue, tu étais plus petite, et ça t'avait peut-être semblé plus grand, lui dit Zoclette, comme si elle avait lu dans ses pensées.

Gaïg n'avait pas peur. Elle était seulement stupéfaite. Le conduit n'était pas très long, quelques pas suffirent pour arriver dans une caverne obscure.

— Je ne vois rien, Zoclette.

— Ah bon? Moi je vois tout, répondit Zoclette, un peu moqueuse. Attends, je reviens.

Elle lâcha la main de Gaïg et s'éloigna. Il ne fallut pas cinq respirations à Gaïg pour se liquéfier sous l'emprise de la peur. Les ténèbres qui régnaient autour d'elle lui semblaient vivantes. Elles avaient avalé Zoclette, et Gaïg n'avait plus aucun repère. Même si elle n'avait pas bougé, elle ne savait plus où elle était. Elle se sentait gelée à l'intérieur, en sueur à l'extérieur, dans l'attente terrorisée d'une suite qu'elle ignorait, mais qu'elle pressentait horrible. Elle s'apprêtait à hurler de terreur et à courir n'importe où, quand Zoclette revint avec de la lumière.

Gaïg, terrifiée, ne dit rien : c'était elle qui avait demandé à visiter la caverne, après tout, et Zoclette n'avait pas été absente longtemps. La Naine lui tendit ce qui semblait un caillou brillant :

— Tiens, c'est une pierre lumineuse. Elle brille dans le noir. Les Nains en mettent dans les cavernes : elles sont parfois disposées en tas, aux intersections. Chacun se sert comme il veut et les dépose quand il n'en a plus besoin. Je n'ai pas voulu en mettre ici, pour décourager les visiteurs indésirables. Je les laisse dans un panier de bambou, à l'entrée, sous une couverture noire. En plein jour, elles ne sont pas différentes des autres roches. Il y en a d'autres plus loin.

L'éclat dégagé était faible, à peine une lueur, mais c'était mieux que rien, pensa Gaïg, rassurée par la présence de Zoclette.

— On s'habitue à tout, ma princesse. Si tu restais assez longtemps ici, tu finirais par y voir comme en plein jour. Après quelque temps, tu te déplacerais aussi bien que moi. L'important, c'est de ne pas avoir peur. Si on s'affole, on est perdu, parce qu'on donne vie à ses propres cauchemars : on s'invente des monstres et on les fait exister. Les cavernes sont vides, en réalité. Bon, il y a les Nains. Mais nous ne sommes pas si nombreux. Il y a quelques rares créatures aussi. Mais pas ici. Pas avec moi.

Les yeux de Gaïg s'habituaient petit à petit à l'obscurité, elle distinguait des formes vagues, mais aurait été bien incapable de les identifier.

— Combien de temps faut-il pour voir dans le noir, Zoclette?

— Plus tu as peur, plus ça prend du temps, parce que ton imagination te fait voir des choses qui n'existent pas. Si tu es calme et confiante, ça peut aller assez vite. Viens.

Gaïg se demanda s'il y avait un endroit où aller dans ces ténèbres. Pour ce qu'elle en percevait, la grotte de Zoclette ne ressemblait à aucun de ses souvenirs : elle n'était pas si grande, c'était juste une cavité derrière la maison, « pour ranger mes affaires », avait précisé la Naine, quand elle la lui avait montrée la première fois. Gaïg avait l'impression d'un immense espace, mais ses perceptions étaient faussées par la nuit ambiante. « Dommage qu'il n'y ait pas de lune sous terre », pensa-t-elle.

— Je vais te montrer ma deuxième caverne, ma princesse.

— Tu en as une deuxième? Tu en as trouvé une autre?

— Une autre, oui, et même beaucoup plus. Cette terre est pleine de trous, comme la mie du pain. Ou une éponge, si tu préfères. Il faut que tu t'habitues aux grottes, ma princesse, c'est important.

— Mais pourquoi, Zoclette? Je ne suis pas une Naine.

— On ne sait jamais vraiment ce qu'on est, au fond. Et si tu devais voyager sous terre?

Gaïg ne sut que répondre. Il était rare qu'elle ait le dernier mot avec Zoclette.

— Tu dois faire attention à la température. Cherche toujours le courant d'air froid. Aux intersections, ne prends jamais le boyau qui est tiède, surtout quand il descend, si tu ne connais pas les lieux. Ça te rapprocherait de la roche liquide. Si tu es perdue, choisis toujours le conduit qui est froid, c'est celui qui est le plus susceptible de te ramener à la surface.

— Zoclette...

— Oui?

— Je ne crois pas que j'irai me promener sous terre sans toi.

Zoclette ne répondit pas. Elle tenait la main de Gaïg et avançait sans hésitation, droit devant elle. Cette dernière se laissait conduire, à la fois confiante et apeurée. Elle pressentait qu'elle serait perdue sans Zoclette, tout à fait incapable d'estimer la température d'un lieu ou la pente d'un chemin dans le noir.

— Nous arrivons. Ferme les yeux.

Gaïg serra docilement ses paupières, se demandant ce que cela changerait. Mais ce n'était pas le moment de contrarier Zoclette, alors qu'elle se trouvait en son pouvoir... Elles firent encore quelques pas.

— Regarde, maintenant!

Gaïg ouvrit les yeux et en eut le souffle coupé. L'obscurité avait disparu, et un spectacle enchanteur s'offrait à elle. Elle comprit en un instant l'amour que Zoclette portait aux grottes. C'était aussi beau que sous la mer. La pierre vivait, elle s'attendait à la voir remuer. Le mouvement était partout, dans les colonnes, les draperies, les stalagmites montant à l'assaut des stalactites.

Charmée par les couleurs, les jeux d'ombres et de lumières, elle mit un moment à s'apercevoir que rien ne bougeait. C'était un monde purement minéral qui se révélait à elle, figé, avec de grandes plages d'obscurité. Les pierres lumineuses avaient été disposées aux endroits clés, là où la nature avait donné libre cours à son imagination, ce qui produisait une impression de vie et de mouvement. En réalité, l'immobilité était totale.

— C'est beau, Zoclette.

— Oui. Mais ce n'est pas partout comme ça. Il y a de tout sous terre. Y compris du danger. Si nous sortions, maintenant?

Elles firent demi-tour et se retrouvèrent dans la première caverne. Gaïg s'aperçut qu'elle avait lâché la main de Zoclette et qu'elle voyait un peu mieux où elle allait. Qu'y avait-il encore dans la grotte? Et ensuite, jusqu'où continuait-elle? Que trouvait-on après? Pourquoi Zoclette la lui montrait-elle seulement maintenant?

7

Gaïg fut saisie par la luminosité qui régnait au dehors. Il faisait encore jour. Sous terre, elle avait perdu la notion du temps, et elle se rendit compte à quel point le déplacement du soleil dans le ciel, son lever et son coucher, l'allongement des ombres sur le sol et l'apparition de la lune ponctuaient ses journées. La lumière du soleil éclairait la terre, et même celle de la lune l'éclairait, quand elle établissait la comparaison avec les ténèbres complètes du monde souterrain.

— Nous ne sommes pas restées absentes très longtemps, tu sais, intervint Zoclette. Sous terre, on a une autre notion du temps, c'est tout. Il s'efface. C'est pourquoi les Nains vivent si longtemps, ils sont comme les pierres, ajouta-t-elle en riant. Mais tu as perdu la parole, ma princesse. C'est incroyable, tu ne me poses même pas de questions. Serais-tu malade? plaisanta-t-elle.

Gaïg reprenait ses esprits petit à petit. Elle avait l'impression de redécouvrir la surface de la terre, les arbres, les fleurs, les oiseaux, les maisons, les gens, le vent, le bruit : elle n'avait entendu aucun bruit sous terre. Et le soleil : que c'était bon, de retrouver le soleil! Elle ne s'était jamais rendu compte, avant ce moment, combien elle l'aimait. Dorénavant, elle serait une adoratrice du dieu Soleil. Et de la déesse Lune, également.

Elle avait aussi découvert un aspect ignoré de Zoclette : Nihassah, la Naine née de la Terre, qui pouvait, semblait-il, commander aux pierres.

— Je reviendrai peut-être te voir. Garin et Jéhanne m'attendent, je dois préparer le dîner. Il me faut partir, maintenant. Merci, Nihassah.

C'était la première fois que Gaïg appelait Zoclette par son nom de Naine. Quelque chose avait changé, même si elle ne pouvait expliquer quoi.

Gaïg alla discrètement prendre son matériel de pêche, puis se dirigea vers la mer : elle voulait être seule. Elle retrouverait bien assez tôt les criailleries des villageois, les huées des enfants, les plaintes et les récriminations de Jéhanne.

Elle passa devant sa propre caverne, qu'elle jugeait minuscule maintenant, mais claire et aérée, et remarqua le mouvement dans les buissons. Comme c'était bon, le vent, et le soleil, et la mer, et la lune, et même les bruits environnants.

Y avait-il beaucoup de lacs sous la terre? Y avait-il des poissons? Ou d'autres animaux? Existait-il des mers souterraines? Y faisait-il toujours aussi sombre? Comment pouvait-on vivre sans la lumière du jour? Que mangeaient les Nains? Où se procuraient-ils la nourriture? Et les vêtements? Comment reconnaissaient-ils les différentes roches? Nihassah avait parlé de la roche liquide. Les Nains allaient-ils très loin, à l'intérieur des montagnes? Qu'est-ce qu'ils y trouvaient? Ils forgeaient des armes et des outils d'excellente qualité, que les gens de la surface achetaient très cher. Mais comment avaient-ils commencé? Qui leur avait montré ce qu'il fallait faire? Et les bijoux? Comment ces petits êtres, courtauds et bedonnants, pouvaient-ils réaliser des objets d'une telle finesse?

Gaïg n'avait pas vu de Nains souvent. Il en passait quelquefois chez Nihassah, rarement, et ils ne semblaient guère désireux de s'attarder ou de lier connaissance. Tout au plus, certains lui jetaient-ils un bref regard intéressé, si

Nihassah la présentait. Le plus souvent, Gaïg, par discrétion, s'éloignait d'elle-même afin de laisser son amie avec ses semblables. Elle ne les avait jamais vus arriver ou repartir, peut-être qu'ils voyageaient sous terre...

Ils avaient la peau sombre, les cheveux noirs le plus souvent, les jambes courtes, un peu torses, et une tendance certaine à l'embonpoint. Il était difficile de leur donner un âge, ils avaient tous la même apparence. Les femmes s'habillaient comme les hommes, on avait du mal à les reconnaître dans cet uniforme de marron et d'ocre, aux couleurs de la terre, pensait Gaïg. Elles étaient à peine moins grosses que les hommes, et tout aussi gauches en apparence. Seule l'absence de barbe permettait de les reconnaître, à condition de les voir de face.

Gaïg pêchait, plongée dans ses pensées. Elle vida de façon mécanique les poissons qui s'étaient laissé prendre, et elle accomplit toutes ses tâches de la soirée de la même manière : absente, perdue dans une réflexion rêveuse sur ce peuple qu'elle connaissait si peu. Elle aperçut les enfants du village qui passaient et repassaient devant la cour de la maison, mais ne leur prêta aucune attention : elle savait qu'ils ne l'attaqueraient pas devant Jéhanne et Garin. En général, ils faisaient bien attention à ce qu'il n'y ait aucun témoin, quand ils avaient décidé de lui faire du tort. Guillaumine arborait un sourire narquois en la regardant, imitée servilement par Colombe et Irénice. Gaïg s'en fichait.

Elle avait hâte de retrouver son lit : la journée avait été riche en découvertes. Elle se laissa tomber sur sa couche, exténuée, et rêva de cavernes et de villes souterraines, avec des tunnels et des escaliers innombrables.

Dans son rêve, un Nain, pour le moins inhabituel avec sa peau claire et ses cheveux d'un blond presque blanc, encore jeune, était assis sur une plate-forme couverte d'une multitude de différentes pierres, en haut d'un escalier qui n'allait pas plus loin. Au fond de la plate-forme, sculptée dans un rocher, une statue représentait une Naine en taille réelle, avec cinq Nains adultes, mais de taille inférieure, s'accrochant à sa ceinture. La statue s'adressait à Gaïg dans une langue qu'elle ne comprenait pas. Le Nain blanc saisit alors une pierre opalescente d'un ovale parfait, et la lui tendit. Une fois qu'elle l'eut en main, Gaïg sentit son esprit se modifier. Elle n'aurait pu expliquer ce qui se passait, elle n'était plus la même, c'est tout.

— Wolongo. Wolongo, Filledel'Eau. Voici-laPierredesvoyages. Pourtonpeuple etpour-MonPeuple.

La statue se tut, redevint rocher. Le Nain blanc se leva et descendit l'escalier. Gaïg le suivit, et se retrouva à l'air libre, au pied de hautes montagnes aux sommets enneigés se détachant dans le lointain. Devant elle s'étendait une forêt aux arbres séculaires. Elle savait qu'elle devait la pénétrer, et que l'aventure commençait. Elle se réveilla.

* * *

Le jour commençait à poindre. Gaïg se livra à ses activités habituelles dans un état second. La surveillance d'Ermeline et de Colin lui pesa, elle avait hâte d'arriver à l'après-midi, seul moment de la journée pendant lequel elle pouvait prétendre à un peu de solitude. La sieste s'imposait de plus en plus rapidement à Jéhanne, qui dodelinait de la tête à la fin du repas et s'endormait le plus souvent avant les enfants. Son ventre énorme laissait supposer que sa grossesse était arrivée à terme, elle accoucherait sous peu, remarqua Gaïg. Du travail en perspective...

Gaïg avait l'esprit en ébullition. Les questions se bousculaient dans sa tête, et son rêve lui occupait l'esprit malgré elle. Ça ne semblait guère lui réussir, les visites de grottes en compagnie de Nihassah.

Une fois les corvées ménagères expédiées, elle se dirigea vers sa caverne, désireuse de s'isoler. Elle en avait assez, de cette vie chez Jéhanne et Garin, à s'occuper d'enfants qui n'étaient pas les siens, ni même ses frères et sœurs. S'y ajoutait l'accomplissement de toutes ces besognes quotidiennes qui ne lui valait aucune reconnaissance de leur part. La plupart du temps, elle se faisait gronder, parce que rien n'était jamais assez bien fait pour Jéhanne ou assez rapide ou bon ou joli.

Les regards que lui jetait parfois Garin la gênaient de plus en plus : Gaïg n'était pas totalement ignorante quant à leur signification, et elle ne se sentait pas rassurée en sa présence. Elle l'évitait au maximum, mais ne se faisait guère d'illusion sur le contenu de ses pensées. Elle savait qu'un jour ou l'autre, le plus tard serait le mieux, elle devrait se défendre de lui, et qu'elle devrait gagner dès le premier affrontement, afin d'éviter toute récidive de sa part. Elle n'aurait pas de seconde chance.

Elle fit une première pause au pied de son chêne habituel, pour s'assurer que personne ne la suivait. Elle se recroquevilla en voyant passer Guillaumine, l'air affairé, en compagnie de Clovis et de Béranger. Tiens donc, en grandissant, Guillaumine abandonnait ses suivantes pour des suivants... Une fois le danger écarté, elle s'enfonça dans les buissons, attendit encore, puis marcha vers la caverne.

Le désastre lui sauta aux yeux en arrivant. Tous ses trésors étaient éparpillés par terre, soigneusement brisés : visiblement, ils avaient été piétinés avec minutie. Les coquillages aux reflets nacrés avaient été réduits en poussière, les petits crabes secs n'étaient plus qu'un souvenir, les étoiles de mer séchées étaient cassées, perdues dans les coquilles d'oursins écrasées. Il fallait le savoir marin de Gaïg pour reconnaître ce qui avait été dans ce qu'elle avait sous les yeux.

Son esprit fonctionnait à toute vitesse. Le mouvement dans les buissons, la veille, ce n'était pas le vent. Et les sourires narquois des trois filles, la veille encore, passant et repassant devant la maison, n'étaient pas innocents. Et Guillaumine se promenant dans les environs, il y avait un instant...

Une forte bourrade dans le dos la projeta sur le sol :

— Alors, la Poissonne, ça va? s'exclama Pélage, hilare. Tu contemples tes trésors?

— Oh! tu ne t'es pas fait mal en tombant? s'enquit Guillaumine, l'air faussement inquiet. C'est chouette, cette caverne, comme lieu de réunion. Tu veux bien la partager avec nous, n'est-ce pas? fit-elle semblant de supplier.

Et même si tu ne veux pas..., ajouta-t-elle, méprisante, en haussant les épaules.

Colombe et Irénice piétinaient le sol avec une application stupide, pendant que Pélage et Béranger maintenaient fermement au sol une Gaïg qui ne se débattait même pas.

— La Poissonne est muette comme une carpe, lança Guillaumine, ce qui provoqua les rires et les cris de ses comparses.

— Elle ne gigote même pas. Elle étouffe peut-être, mais ce n'est pas l'air qui lui manque, c'est l'eau, insinua Clovis, en lui tirant les cheveux.

— Ou elle étouffe de rage. La Poissonne a la rage, c'est un chien enragé. Quelle poisse, alors! reprit Guillaumine, en enfilant avec des gestes étudiés un collier de coquillages qui avait échappé aux dégâts. Si elle nous mord, elle va nous empoisonner. Hé, la Poisonne!

Gaïg, dans sa stupéfaction et sa détresse, ne réagissait toujours pas. Elle se savait perdante en cas de bataille, seule contre tous, mais ce n'était pas la raison de son inertie. Une chose incroyable se déroulait sous ses yeux, bien au-delà de la réalité du saccage. Une chose qu'elle ne comprenait absolument pas.

Les enfants commençaient à se lasser de son indifférence. Ils avaient espéré des pleurs, des cris, une bataille qu'ils étaient sûrs de gagner, mais qui justifierait les coups qu'ils lui donneraient, une colère monstrueuse et un désespoir profond. Et Gaïg était là, les yeux écarquillés, passive et silencieuse, comme anesthésiée, incapable de réagir.

— Peut-être qu'elle est en train de devenir folle..., émit Béranger en la lâchant. À force de fréquenter la vieille Zoclette...

— Si c'est ça, elle va nous jeter un sort, prévint Guillaumine qui savait toujours tout. Mes parents affirment que Zoclette est une sorcière. C'est pour ça qu'elle est noire.

— Mes parents aussi disent qu'elle fait de la magie, et que ses remèdes viennent du diable qui vit sous la terre, insista Béranger.

— Alors, nous devrions rentrer, avant qu'elle nous transforme en crapauds de mer, suggéra Colombe, apeurée.

Gaïg assista au départ des enfants sans un mouvement, sans un mot. Puis ses yeux se reportèrent sur le Cadeau de la Reine des Murènes, là, sur le sol, scintillant de tous ses feux.

Il lui fallut un moment pour reprendre le contrôle d'elle-même et ramasser le bijou. Elle ne comprenait toujours pas. Pourquoi n'avaient-ils pas pris la bague? Elle était là, au milieu d'eux, jetant mille éclats de lumière parmi les débris : il était impossible qu'ils ne l'aient pas vue.

Que s'était-il passé? Ils n'en avaient pas voulu parce qu'elle lui appartenait? Guillaumine ne s'était pas gênée pour faire main basse sur son collier de coquillages, et Clovis, en partant, s'était approprié une petite branche de corail miraculeusement entière.

Plus rien ne subsistait; son repaire avait été mis à sac, le pillage avait été total et organisé. Mais l'objet le plus précieux de tous, son seul véritable trésor, n'avait pas été dérobé. Le Cadeau de la Reine des Murènes reposait là, sous ses yeux, dans sa petite main palmée.

8

Gaïg quitta son repaire, complètement décontenancée. Ce n'était plus la peine de prendre les précautions d'usage, puisque son secret avait été éventé : sous peu, tout le village aurait visité la caverne, qui deviendrait sans doute un lieu de rendez-vous pour les amoureux.

Comment les autres enfants avaient-ils découvert son refuge? Par hasard? En la suivant? Elle ne le saurait sans doute jamais. Et la même question revenait, insistante et sans réponse : pourquoi n'avaient-ils pas pris la bague? Cette interrogation effaçait tout le reste : sa cachette dévoilée, la razzia qui avait été faite, le vandalisme de ses tourmenteurs, leur brutalité et leurs moqueries. Pourquoi n'avaient-ils pas pris la bague, alors qu'elle leur sautait aux yeux?

Gaïg, plongée dans ses réflexions, faillit percuter Garin, qui lui saisit les poignets.

— Hé bien, la Poissonne, tu rêves? Où as-tu la tête, pour entrer ainsi dans les gens?

Ramenée brutalement à la réalité, Gaïg se rendit immédiatement compte que Garin avait déjà commencé à boire, et qu'il était un peu ivre. Il lui soufflait une haleine aigre dans le visage, et ses yeux étaient injectés de sang. Sa chemise était ouverte sur un buste poilu d'homme dans la force de l'âge, et ses aisselles dégageaient une puissante odeur de sueur. Gaïg, au bord de la nausée, essaya de se libérer, mais il la maintint avec force.

— Lâche-moi. Tu es soûl.

— Pas encore. Seulement un peu. Laisse-toi faire.

Garin la poussa vivement, dos contre le chêne, entre deux nœuds du tronc. « Cette fois, ça y est, pensa Gaïg. Comme si j'avais besoin de ça maintenant. » La peur explosa en elle. Elle se contorsionnait, tout en sachant qu'elle ne ferait pas le poids. Le chemin était désert, et Garin, appuyé contre elle, la coinçait fermement contre l'arbre.

Gaïg n'avait aucune arme, elle sentait que la situation lui échappait. Un épouvantable sentiment d'impuissance l'envahit. Elle ne s'en sortirait pas par la force, il lui fallait ruser et gagner du temps.

— Regarde, Garin, j'ai un cadeau pour Jéhanne. Si tu me laisses, je te le donne, et tu pourras le lui offrir le jour de la naissance de ton enfant.

Garin proféra un « quoi? » qui était davantage le résultat d'une curiosité momentanée que le désir de porter attention au marché qui lui était proposé.

— Ma bague. Je l'ai trouvée dans la mer. Lâche-moi la main, si tu veux la voir.

Garin lui libéra les mains, appuyant les siennes contre le tronc, de chaque côté de Gaïg. Il ne voyait rien. La Poissonne agitait sa main devant son visage, comme si elle faisait miroiter un anneau qu'elle n'avait pas.

— Regarde, elle est belle, hein? Je te la donne si tu me laisses partir.

Gaïg, tremblant de tous ses membres, montrait la bague à Garin et s'étonnait de son regard vide. Il était peut-être plus ivre qu'elle ne l'avait jugé au premier abord, incapable de faire la différence entre un chat et un chien. Le bijou scintillait dans la lumière, et Gaïg se résignait, la mort dans l'âme, à l'abandonner. C'était peut-être la raison d'être du cadeau de la Reine des Murènes : la sortir d'une situation inextricable, la protéger des autres, la sauver, en un mot.

— Tu te paies ma tête ou quoi? Où est-elle, cette bague? s'exclama Garin en la secouant violemment.

Sa vision avait beau être floue, il ne voyait absolument rien. Il devait mobiliser toute son énergie pour se concentrer, et avait un peu relâché sa pression sur Gaïg. « C'est le moment ou jamais, dit une voix dans sa tête. Pousse-le avec les deux mains, de toutes tes forces, et fuis. Va chez Nihassah. »

Sans réfléchir, Gaïg, en appuyant son dos sur le tronc du chêne, posa fermement ses deux mains sur la poitrine velue de son agresseur, et poussa avec l'énergie du désespoir, tout en se baissant rapidement pour passer sous son bras. Elle entendit un étrange hurlement de douleur quand elle le toucha, mais ce n'était pas le moment de chercher des explications. Elle s'élança et prit ses jambes à son cou, afin de s'éloigner le plus vite possible.

Gaïg détala sans se retourner, sans s'arrêter pour reprendre son souffle. Ne sachant pas si Garin la poursuivrait ou non, elle profitait de ces quelques secondes d'avance pour mettre de la distance entre elle et lui. Mais pourquoi avait-il crié ainsi quand elle l'avait touché? Il n'était pas encore tombé, il ne pouvait avoir heurté quelque chose sur le sol. Quel porc, quand même. Elle n'avait que dix ans. Et sa femme, enceinte, était sur le point de mettre au monde leur troisième enfant. Non, c'était fini, elle ne reviendrait plus chez eux. Pour elle, le temps était venu de partir. Les pensées défilaient à une vitesse folle dans la tête de Gaïg, tandis qu'elle galopait.

Elle était à bout de souffle quand elle arriva chez Nihassah, elle avait l'impression que ses poumons allaient éclater. Garder son souffle sous l'eau en étant immobile ou en nageant doucement n'avait rien à voir avec l'effort qu'elle venait de fournir. Peut-être qu'elle aurait dû se sauver dans la mer, après tout, c'était plus près, et il ne l'aurait pas suivie dans l'eau. Pourquoi était-elle venue ici? Ah oui, la voix... Sans doute l'instinct de survie, qui lui avait dicté ce qu'elle devait faire.

De toute façon, où aurait-elle pu aller? Pour rien au monde, elle ne serait retournée chez Garin et Jéhanne, et son seul refuge, sa caverne, n'en était plus un. Elle pourrait partir tout de suite, mais elle voulait voir Nihassah avant.

— Nihassah! Nihassah! Où es-tu?

Personne ne répondit. Et si Garin arrivait? Elle ne pouvait rester là, il lui fallait absolument se cacher. Elle tambourina à la porte de la maisonnette, et s'aperçut qu'elle n'était pas fermée à clé. Vu les circonstances, Nihassah lui pardonnerait cette intrusion. Mais même la maison ne lui paraissait pas un lieu assez sûr. Gaïg se dirigea vers le mur du fond, saisissant au passage une pierre lumineuse dans le panier de bambou, et s'engouffra dans le noir. Elle ne voyait pas grand-chose dans l'obscurité, mais elle avait une priorité : se cacher pour échapper à Garin. Il était capable de la poursuivre jusqu'ici, pensait-elle en s'enfonçant dans la caverne. Peut-être qu'en continuant tout droit, elle arriverait à la deuxième caverne... Elle se sentirait plus en sécurité. Mais c'était où, tout droit?

Gaïg se laissa tomber sur le sol, exténuée. Elle ne voyait rien, la lueur dégagée par la pierre était dérisoire. Pourtant, les ténèbres ne l'effrayaient plus : elle craignait Garin bien davantage. Elle entendait sa respiration essoufflée, son cœur qui battait la chamade dans sa poitrine, et les larmes commencèrent à couler. En silence, abondamment, sans discontinuer. Elle avait fait front tout l'après-midi, montrant une résistance peu commune pour son âge, mais elle avait atteint ses limites. Il lui semblait qu'elle n'aurait pas assez de toute la vie pour pleurer. L'horreur de ce qu'elle venait de vivre s'imposait à elle, et elle n'avait d'autre recours que les larmes pour se calmer.

Elle sanglota longtemps, sans aucune notion du temps. Où était Nihassah? Pourquoi ne venait-elle pas? Pourquoi les enfants n'avaient-ils pas pris la bague? Et Garin, on aurait dit qu'il ne la voyait pas... Pourquoi avait-il crié aussi fort? Gaïg, épuisée, l'esprit bouillonnant, s'endormit sur ces questions en contemplant, les yeux mi-clos, son bijou qui luisait dans le noir.

9

— Gaïg, ma chérie, réveille-toi. Allez, ma princesse, réveille-toi. Il faut partir.

Gaïg émergea en sursaut d'un sommeil encore rempli de grottes, de Nains, de monstres velus la poursuivant et de bagues brillant dans l'obscurité. Nihassah la secouait gentiment. Elle avait posé une couverture sur elle. Gaïg n'eut pas besoin de beaucoup de temps pour retrouver ses esprits : les souvenirs affreux du jour précédent lui revinrent immédiatement en mémoire.

— Oh, Nihassah, si tu savais. Ils ont découvert ma caverne. Ils ont tout détruit. Et Garin a essayé de...

Elle ne put continuer. Elle éclata en sanglots. Des tremblements nerveux l'agitaient.

— Du calme, ma princesse. Tu me raconteras après. Il faut partir. J'ai tout préparé.

La Naine, apparemment très calme, attendit que Gaïg se lève, et l'entraîna en silence vers ce qui devait être la deuxième grotte.

— Mais où m'emmènes-tu? Ce n'est pas là, la sortie. Je veux partir, Nihassah, je veux quitter ce village. Je n'y resterai pour rien au monde. Je suis assez grande, maintenant.

— Tu la sens, cette odeur de fumée? Ils ont mis le feu à ma maison. Elle a beau être en pierre, le toit est en paille, il y a du bois, et les plantes séchées font un excellent combustible. Sous peu, la chaleur et la fumée rempliront les lieux.

— Mais pourquoi ont-ils mis le feu, Nihassah? C'est à cause de moi, n'est-ce pas? conclut Gaïg d'une voix étranglée.

— Oh, pas seulement. Ils en ont après moi, aussi. Ça couvait depuis longtemps.

— Où allons-nous? Nous sommes prisonnières, n'est-ce pas? Comment sortirons-nous?

— Calme-toi, ma princesse, fais-moi confiance. Je t'expliquerai tout dans la deuxième caverne. Elle est bien jolie, ta bague, ajouta-t-elle malicieusement.

Gaïg sursauta. Elle commençait à croire que cette bague que personne ne semblait voir n'existait que dans son imagination.

— Tu la vois? demanda-t-elle, interloquée. C'est un cadeau de la Reine des Murènes, crut-elle bon d'ajouter.

Elles étaient arrivées dans la deuxième cavité. Nihassah avança encore un peu et s'arrêta près de deux sacs de toile posés sur le sol, au pied d'une colonne de pierre. Elle posa sur Gaïg un regard grave.

— Bien sûr que je la vois, ma princesse. C'est du Nyanga, le Minerai sacré des Nains. Les Hommes ne peuvent pas le voir. Attends-moi ici.

Gaïg, baignant dans la noirceur depuis la veille, distinguait un peu mieux ce qui l'entourait. Elle vit la Naine revenir sur ses pas et s'arc-bouter contre un énorme rocher devant l'entrée. Sous les yeux ébahis de Gaïg, elle poussa ce dernier qui se déplaça lentement, avec un crissement exaspérant, et elle l'inséra dans l'ouverture. Il obturait l'accès de la deuxième caverne.

— C'est de la pierre ponce, ma princesse, c'est léger. C'est la seule pierre qui flotte sur l'eau. C'est bien pratique, tu vois. Ça nous protégera de la fumée.

Gaïg comprit que le rocher ne jouait pas seulement un rôle protecteur contre la fumée : l'absence de lumière était un élément fondamental pour dissimuler le passage et ce roc différent des autres. Personne ne pouvait deviner, même avec une torche pour éclairer, qu'il y avait là une trouée.

— Quand la partie du toit qui est contre la falaise aura brûlé, il y aura un effondrement devant l'entrée de ma grotte. Les poutres de la toiture se prolongent profondément dans la falaise : elles se consumeront dans la roche, qui deviendra creuse et ne pourra supporter son propre poids. Ce ne sera que de la caillasse, mais il y en aura beaucoup... Énormément. Une fois que la végétation aura repoussé, bien malin celui qui saura ce qu'il y a derrière... Ça ne devrait pas tarder...

Gaïg se taisait. C'en était trop, pour elle. Elle constatait, quelque part au fin fond de sa conscience, qu'elle était enfermée sous terre, prisonnière, et cette idée lui semblait tellement effrayante qu'elle ne voulait pas l'envisager. Trop de choses arrivaient en même temps, et elle ne pouvait pas les assimiler, d'autant plus qu'elles étaient, pour certaines, parfaitement incompréhensibles. Penser qu'elle était enterrée vivante en compagnie de Nihassah lui paraissait incroyable. Pourquoi Nihassah agissait-elle ainsi? Gaïg ne voulait pas mourir. Pas encore. « La mort, c'est pour les vieux, se dit-elle. Mais pas moi. Pas maintenant. Je préfère encore affronter le village tout entier, et même Garin. » Les idées se bousculaient dans sa tête, elle ignorait si elle avait chaud ou froid, mais elle avait soif, et peut-être même faim, n'ayant rien avalé depuis la veille. Et sa bague était faite de Nyanga, elle le savait maintenant.

— Nous sommes un peu plus en sécurité, ici. Ça va mieux, ma princesse? Tu as beaucoup dormi, tu sais.

Comme Gaïg se taisait, incapable d'articuler une parole, Nihassah continua.

— Il s'est passé des choses pendant que tu dormais. Jéhanne a accouché dans l'après-midi : trois enfants d'un seul coup. Deux garçons : Féodor et Victoric, et une fille. Elle n'a pas survécu, pauvre petite chose. Garin est rentré fou furieux : j'ai reconnu la brûlure du Nyanga sur sa poitrine. C'est toi qui la lui as faite, je suppose. Le décès de sa fille a mis le feu aux poudres : il a décrété que c'était de ta faute, que tu portais la guigne, puis il s'est retourné contre moi, en me traitant de sorcière et de diablesse. Il m'a mise à la porte sauvagement. Je pense qu'il était surtout effrayé par l'idée d'avoir des jumeaux : deux bouches de plus à nourrir!

« Je rentrais à la maison, quand Fréjus est venu me chercher pour Guillaumine, qui avait failli se noyer. Elle certifiait que c'était à cause de toi, que tu l'avais tirée par les pieds sous l'eau. Pour elle, tu voulais te venger, parce qu'elle avait découvert ta caverne, et la faire disparaître sous l'eau. Elle assurait que tu portes malheur au village et qu'il fallait te chasser, et moi aussi par la même occasion. On nous accuse de beaucoup de choses, ma princesse. J'ai quand même passé une partie de la nuit auprès d'elle, pour essayer d'arranger les choses, en allant voir Jéhanne de temps en temps, puisque Garin dormait, comme la brute qu'il est.

« Ce matin, en sortant dans le village pour rentrer chez moi, j'ai compris que la situation se gâtait : les esprits avaient travaillé pendant la nuit, et nous étions de trop. Les gens me jetaient de drôles de regards, ils avaient l'air de conspirer... Ça devenait dangereux, il nous fallait partir. Je t'ai cherchée un peu partout, et puis j'ai eu l'idée de venir ici. »

Gaïg écoutait de toutes ses oreilles, essayant d'imaginer l'enchaînement d'événements qui l'avait rendue prisonnière de la grotte. La situation avait évolué très rapidement.

— Je n'ai pas essayé de noyer Guillaumine, se justifia-t-elle. Et Garin a voulu...

Elle s'arrêta. Elle n'en pouvait plus. Les larmes avaient recommencé à couler, intarissables, lourdes et silencieuses.

— Tiens, bois ça, ma princesse, ça te fera du bien. Tu vas manger un morceau, et on partira.

— Mais où veux-tu aller, Nihassah? Nous sommes prisonnières.

Gaïg était désespérée, mais elle accepta la nourriture.

Il lui sembla soudain sentir une vibration dans le sol même de la caverne.

— Qu'est-ce que c'est? demanda-t-elle, en sursautant.

Le bruit tonitruant qui l'avait surprise continuait, en s'amenuisant.

— C'est l'éboulement. J'attends un moment, pour que les poussières retombent un peu, et j'irai voir.

Du coup, Gaïg ne pouvait plus rien avaler de solide. Malgré ses efforts pour avaler, elle sentait une boule lui obstruer la gorge. C'était fini, elle n'était plus en mesure de sortir, elle était enterrée vive. Nihassah, comme si elle ne se rendait pas compte de l'horreur de la situation, se leva et se dirigea vers l'entrée. Elle déplaça l'énorme pierre ponce qui bloquait le passage, et avança dans la nuit de la première grotte. Avec horreur, Gaïg entendit alors le fracas confus de ce qu'elle reconnut comme un deuxième éboulement, en même temps qu'un cri étouffé, puis plus rien.

10

À défaut de le voir, Gaïg sentit le déplacement du nuage de poussière qui envahissait la seconde caverne. Elle essayait de se convaincre qu'elle n'avait pas entendu crier, mais elle savait que c'était peine perdue : il y avait bel et bien eu un deuxième éboulement, et Nihassah avait jeté un cri. Elle se leva lentement, presque à contrecœur, et vint se placer près de l'entrée.

— Nihassah? Nihassah?

Seul le silence lui répondit. Gaïg sentait la poussière de roche en suspension dans l'air qui s'introduisait dans ses narines. Elle éternua et fit quelques pas en avant.

— Nihassah! Tu es là? Où es-tu?

Un gémissement se fit entendre, en face d'elle. Gaïg, sous l'emprise de l'émotion, ne voyait plus rien. Elle percevait confusément le scintillement de la bague dans l'obscurité. Comment pouvait-elle briller ainsi, alors qu'il n'y avait pas la moindre lueur autour d'elle et que la situation était désespérée?

Une plainte émergea de sous les décombres.

— Nihassah! Je te cherche, mais je ne vois rien. Où es-tu?

— Ici, ma princesse. À tes pieds.

Gaïg se pencha pour tâter le terrain et rencontra un bout de tissu. Elle continua en tâtonnant, et devina les contours de ce qui devait être le corps couvert de gravats de Nihassah. Sans un mot, elle se dépêcha d'ôter les cailloux afin de dégager son amie qui ne bougeait pas. Elle se leva pour aller chercher sa couverture et les sacs : il ne fallait pas que Nihassah se refroidisse, et peut-être qu'un peu d'eau l'aiderait à se remettre. Mais qu'il faisait sombre! Si seulement sa bague brillait davantage! Juste de quoi l'éclairer un peu...

Comme cette pensée lui traversait l'esprit, elle distingua plus nettement les choses autour d'elle : l'éclat de l'anneau semblait avoir augmenté de façon sensible. « Merci, la bague », fut tout ce qui lui vint à l'esprit. Le temps pressait, elle réfléchirait après.

Il n'y avait aucun bruit autour d'elle et rien n'arrivait du dehors. L'obscurité s'était transformée en pénombre, et elle se dirigea sans hésitation vers la colonne de pierre au pied de laquelle se trouvaient les sacs et la couverture. Elle saisit ces derniers et revint auprès de Nihassah.

— Attention, je vais te recouvrir, chuchota-t-elle. Nihassah, tu m'entends?

Avec mille précautions, elle posa le tissu sur le corps de la Naine : elle n'osait pas la bouger. Il valait mieux attendre qu'elle ait repris ses esprits. Nihassah étant guérisseuse, elle saurait ce qu'il était recommandé de faire. Sauf si elle était... Mais non, ce n'était pas possible, on ne meurt pas ainsi! C'était la deuxième fois que Gaïg pensait à la mort. Une angoisse profonde l'envahit à cette idée; elle se pencha sur le buste de son amie et écouta. Nihassah respirait.

— Nihassah, je suis là, ne t'inquiète pas. Je vais te sauver. Il suffit de creuser un tunnel dans les pierres qui sont tombées. Je vais aller chercher du secours. C'est tout près, dehors. Il n'y a que quelques roches. Je vais les déplacer.

Gaïg s'apprêtait à se lever pour commencer son travail de fourmi quand un faible mouvement de Nihassah l'arrêta.

— De l'eau, s'il te plaît, chuchota cette dernière.

Gaïg prit une gourde dans le sac et lui versa un peu d'eau entre les lèvres, en soulevant avec précaution sa tête. Peut-être qu'elle avait le cou cassé... Ou les deux jambes... Ou les deux bras... Gaïg luttait contre la panique, elle refusait de toutes ses forces la réalité qu'elle entrevoyait : deux enterrées vivantes, dont une grièvement blessée, qui allait mourir, peut-être... Elle ne voulait pas s'appesantir sur toutes les idées abominables qui surgissaient dans son esprit angoissé. Elle creuserait, elle s'userait les mains jusqu'au sang s'il le fallait, mais elle dégagerait l'entrée et... non, les villageois ne refuseraient pas de leur porter secours, quand même, ce serait trop affreux... Une partie de l'eau se répandait sur les joues de Nihassah, qui en absorbait un peu en même temps. Un moment s'écoula, dans le silence. Gaïg sentait son esprit tendu comme la corde d'un arc. Il ne tenait qu'à elle que Nihassah survive. Il était en son pouvoir de la sauver, il suffisait de le vouloir vraiment. Nihassah était son unique amie, la seule personne à s'être jamais intéressée à elle dans ce village de fous, elle ne la laisserait pas périr. Et elle se sauverait en même temps.

— Ça va mieux, Nihassah? Je vais commencer à creuser. Ça sera long, mais j'y arriverai.

— Non, ma princesse, pas par là. Tu vas aller chercher du secours chez les Nains.

— Chez les Nains? Dans la terre? s'écria Gaïg, incrédule.

Le désespoir la submergea : son amie délirait. C'était la fin. Gaïg sentit une grande lassitude l'envahir, une sorte de résignation avec un fond de révolte. Son univers, déjà si instable, avait basculé en l'espace d'un jour, et sa colère était impuissante à changer la situation. Tant pis, elle creuserait quand même : il valait mieux mourir d'épuisement que rester là, sans rien tenter, dans l'attente de la fin.

— Oui, chez les Nains. À Jomo. C'est à deux jours de marche. Tu comptes le temps avec les nuits, quand tu dors.

Nihassah, épuisée, avait du mal à articuler.

— C'est toujours tout droit. Dans les tunnels, tu ne peux pas te perdre, il n'y a qu'un seul chemin, même s'il serpente. En général, les intersections sont dans les cavernes. C'est là qu'il ne faut pas te tromper. Tu suis la rivière.

Elle se tut. Gaïg, interdite, ne trouvait rien à dire. C'était comme ça qu'on mourait? On avait mal physiquement, puis on perdait la tête?

Pauvre Nihassah. Les larmes inondèrent son visage, sans qu'elle fît rien pour les retenir. Au moins pouvait-elle accompagner son amie dans ses derniers moments, malgré l'effroi qui l'enveloppait.

— Je suis là, Nihassah. Je suis avec toi. Je ne t'abandonnerai pas.

La Naine, comme si elle lisait les pensées de Gaïg, se redressa imperceptiblement. Gaïg vit qu'elle avait les yeux grands ouverts dans le noir et qu'elle la fixait gravement.

— Tout droit, je te dis. Ne tourne ni à droite ni à gauche dans les cavernes. Suis la rivière. Il y aura deux grands lacs souterrains. Ne t'y baigne pas. Tu arrives au premier par un escalier qui descend : c'est le lac de Fary. Le sentier contourne le lac par la gauche. Il y aura des galeries sur la gauche, ne les prends pas. Continue jusqu'au deuxième escalier, et monte. Tu dormiras après. Le second lac, c'est celui de Fikayo : tu le traverses sur les rochers qui émergent. Ça serpente un peu, mais tu n'auras pas de choix quant à la direction, et tu arriveras en face. Ne te baigne pas dans les lacs. Le village n'est pas très loin.

— Repose-toi, Nihassah. Ne parle pas, ça te fatigue. Je resterai avec toi. Je creuserai quand tu te seras endormie.

— Gaïg...

Nihassah ne put continuer, elle avait déjà trop parlé. Gaïg réfléchissait : elle avait beau analyser le discours de son amie, elle ne pouvait lui accorder le moindre crédit. Nihassah délirait, elle avait dû recevoir un coup sur la tête, et elle revivait, comme dans un rêve, des itinéraires de son enfance. Gaïg s'allongea contre elle, à même le sol, pour lui tenir chaud.

Dire que Nihassah avait l'air si sérieux, si convaincu, dans son délire.

— Tu dois y aller, ma princesse. Maintenant. J'ai une jambe cassée, je pense. Prends le petit sac, et laisse-moi l'autre, ici, tout près. Crois-moi. Il y a un chemin qui mène à mon village souterrain, où tu pourras trouver de l'aide. Va. Toujours tout droit. Suis la rivière quand elle est là. Méfie-toi quand même.

Nihassah s'arrêta. Gaïg comprit que son amie était sérieuse, qu'elle n'avait pas perdu la tête, et qu'elle voulait vraiment l'envoyer chercher du secours dans un village de Nains, à des lieues de là, sous la surface de la terre. Une sueur froide lui coula dans le dos, entre les omoplates, et la glaça instantanément. Elle était partagée entre ce que lui dictait sa raison, à savoir qu'elle n'était pas une Naine, qu'elle ne serait jamais capable de se déplacer sous terre, que c'était la mort assurée, et le désir de sauver son amie.

— Va, Gaïg. Il n'y a pas d'autres solutions. L'éboulement est trop important. J'attendrai ici, il y a des vivres dans le sac. Et des plantes médicinales. Tu peux manger ce qu'il y a dans le tien.

Nihassah insistait. Gaïg se disait que mourir sur place ou mourir en allant chercher de l'aide, ça revenait au même. Il valait peut-être mieux rester avec son amie.

— Le Nyanga t'aidera, ma princesse.

Ce fut cette petite phrase qui décida Gaïg, peut-être parce qu'elle lui fit penser à la Reine des Murènes, à la mer, à la vie.

11

Gaïg embrassa tendrement la Naine. Elle avait le cœur serré, une boule dans la gorge qui la gênait pour respirer, et aucune parole ne pouvait sortir.

— Je vais essayer, fut tout ce qu'elle réussit à articuler.

Elle contempla son amie allongée dans le noir sur le sol, au milieu des pierres, avec une jambe cassée. Elle n'avait pas vraiment le choix...

Elle saisit le plus petit sac, rapprocha l'autre de Nihassah, et se pencha une dernière fois sur elle pour l'embrasser.

— Au revoir, Nihassah.

— Va. Tu peux le faire, j'en suis sûre, dit Nihassah. Ma princesse…, ajouta-t-elle dans un murmure rempli d'affection.

Gaïg sentit les larmes lui monter aux yeux, pendant que la boule augmentait de volume dans sa gorge. Elle s'éloigna pour ne pas laisser éclater son désespoir devant Nihassah.

La traversée de la deuxième caverne lui sembla trop courte. Très vite, elle se retrouva devant l'entrée d'une galerie, dont elle ne supposait même pas l'existence un moment plus tôt. Elle s'y engagea d'une démarche qu'elle voulait décidée, presque rassurée par l'étroitesse du boyau qui l'enveloppait, la pierre lumineuse à la main. Mais elle ne voyait pas très loin devant elle et, presque tout de suite, elle ralentit l'allure. Elle posait un pied devant l'autre, tâtant le terrain avant de s'engager. En écartant légèrement les bras, elle sentait les parois de la galerie, froides et minérales. La voûte du tunnel était assez basse, à hauteur de Nain : un homme normal qui voudrait s'y engager devrait se courber. Gaïg ne pouvait s'empêcher de rentrer la tête dans les épaules et de se pencher en avant, même si elle n'atteignait pas le plafond en se tenant droite. Il était si proche... Le sac qu'elle portait en bandoulière sur le côté raclait la muraille, et elle le fit glisser dans son dos. Ce n'était pas facile de progresser ainsi à l'aveuglette, sans savoir ce qu'il y avait devant. Elle ne voyait pas très loin, et les ténèbres commençaient trop près à son gré. Il y avait peut-être des bêtes...

L'affolement gagnait Gaïg. Non, c'était impensable, jamais elle ne pourrait accomplir ce que Nihassah lui avait demandé. Elle s'arrêta, accablée par l'ampleur de la tâche qui l'attendait. Une angoisse insurmontable s'était emparée d'elle et lui coupait la respiration. Elle se sentait complètement nouée à l'intérieur d'elle-même, incapable d'avancer.

Gaïg se redressa et respira consciemment un grand coup. Peut-être serait-il plus sage de faire demi-tour, et de creuser un chemin vers l'extérieur? Si elle revenait en arrière, Nihassah comprendrait. Elle n'était pas une Naine, elle ne pouvait se déplacer dans le noir, sous terre, dans un réseau de galeries dont elle ignorait tout...

Elle se demanda combien de temps il lui faudrait pour creuser un tunnel. En espérant que le dessus ne s'effondre pas au fur et à mesure... Sans doute Nihassah avait-elle raison : il y avait trop de caillasse, et elle ne pourrait jamais en venir à bout en deux jours, le temps nécessaire à l'acheminement vers le prochain village. Mais en quatre? Après tout, il fallait compter deux jours aussi pour revenir auprès de Nihassah. En quatre jours, elle aurait eu le temps de dégager une ouverture dans l'éboulis. Mais les Nains connaissaient leurs galeries, et ils lui porteraient secours en moins de deux jours.

Comment comptait-on les jours, sous terre? Avec les nuits, avait dit Nihassah, quand on dort. Drôle de manière, dans cet univers sans lune et sans soleil... Il fallait espérer que ce n'était pas simplement une sieste qu'on avait faite…

Gaïg avançait, en frôlant les parois du boyau. C'était un peu rassurant de les sentir là : elle ne pouvait pas se perdre. Nihassah avait dit : « Toujours tout droit ». Mais comment ferait-elle, pour savoir ce que serait « tout droit », dans les cavernes? Y en aurait-il beaucoup?

Maintenant, c'étaient les grottes qui lui faisaient peur, avec leur espace, leur vide, leur absence de repères. Elle pouvait se tromper et se perdre, ignorant si, dans le noir, elle avait progressé en ligne droite. Elle en vint même à craindre une attaque : rien ne disait qu'il n'y avait pas des monstres ou des animaux dans les cavernes… Des insectes velus avec un dard empoisonné sur les murs, des reptiles venimeux dans les anfractuosités… Elle serra les bras contre son corps, essayant de ne plus effleurer les parois du passage.

Le sol avait changé sous ses pieds. Elle se fit la réflexion que ce n'était plus du sable et des cailloux, mais de la pierre nue. Les murs étaient tour à tour relativement lisses ou rugueux, avec parfois des aspérités qui l'égratignaient légèrement : elle était de corpulence plus large que Nihassah. Mais Nihassah n'était peut-être pas représentative du peuple des Nains. Est-ce qu'elle reverrait la lumière du soleil, un jour?

La peur l'envahit de nouveau. Tout ça n'avait pas de sens. Elle marchait depuis un moment déjà, mais il était impossible d'estimer la distance parcourue. Elle savait seulement qu'elle ne se déplaçait pas très vite. Nihassah était blessée, il fallait lui porter secours, sans délai. Elle devait continuer et avancer le plus loin possible. Courir dans le noir? Il ne fallait pas y songer. Comment repérerait-elle les obstacles?

Les idées défilaient à toute vitesse dans sa tête, mais elle ne pouvait se concentrer sur aucune. Et si son cerveau fonctionnait à plein régime, son corps, lui, tournait au ralenti. Elle posait soigneusement un pied devant l'autre, inspectait les alentours, du moins ce qu'elle en percevait, et recommençait.

Gaïg constata avec surprise qu'elle voyait légèrement mieux depuis un moment. Ce n'était pas le grand jour, évidemment, mais ce n'était pas non plus l'obscurité totale. Elle ne distinguait rien devant elle, parce qu'il n'y avait rien à voir. Enfin... Elle n'en savait rien. Elle discernait les parois du tunnel quelques pas en avant. C'était drôle, cette bague qui lui avait obéi. Que se passait-il avec elle?

Elle regarda sa main. Pourtant, le bijou n'avait pas changé : il émettait une lueur diffuse, venue de sa matière même, puisqu'en l'absence de source de lumière extérieure, on ne pouvait lui attribuer de pouvoir réfléchissant. Peut-être que ce n'était pas lui qui avait éclairé la caverne tout à l'heure. Pourtant, elle avait clairement noté une différence, quand elle lui avait « parlé ». Peut-être que ce n'était pas le joyau qui avait changé, mais sa vue à elle. Sa vision s'était affinée, elle en était sûre. Nihassah avait dit aussi que le Nyanga l'aiderait. Peut-être qu'il était magique...

Gaïg avait peu de connaissances en matière de magie. Elle savait que ça existait, mais dans sa tête, c'était pour les autres : des mages puissants vêtus de somptueuses robes brodées d'or et vivant dans les tours fortifiées de châteaux lointains et inaccessibles. Ce n'était pas pour tout le monde, la magie, et sûrement pas pour elle.

Pourtant, en y réfléchissant, il s'était passé de drôles de choses : la bague s'était toujours adaptée au doigt dans lequel elle le passait. Les enfants ne l'avaient pas ramassée, comme s'ils ne l'avaient pas vue. Garin non plus ne semblait pas la voir, et elle l'avait brûlé, selon les dires de Nihassah. C'était donc ça, l'explication de son cri... Et cette voix, dans sa tête, qui lui avait dicté ses actions...

Gaïg s'arrêta et regarda l'anneau. Il luisait dans l'obscurité, mais elle n'aurait pas pu affirmer que son éclat avait augmenté. Peut-être qu'il avait un effet sur ses perceptions à elle, tout simplement.

Est-ce qu'elle entendait mieux? Mais entendre quoi? Il n'y avait aucun bruit. Gaïg fut tout à coup saisie par l'immensité du silence environnant et se rendit compte que sous terre, c'était le bruit qui devenait inquiétant, puisqu'il signifiait une présence. Peut-être que la bague n'avait aucun effet sur elle, et qu'elle s'était imaginé tout cela... Non, elle n'avait pas rêvé, elle en était sûre.

Elle se laissa glisser lentement sur le sol et enleva l'anneau de son doigt. Elle l'examina en pensant à la Reine des Murènes. Elle ne la reverrait sans doute jamais. Pourquoi le lui avait-elle donné? Elle découvrit que de penser à la mer la calmait : elle ressentait un apaisement certain à visualiser les fonds sous-marins. Les algues, les rochers, les poissons, le poulpe à sept tentacules et demi, les crabes, les oursins, les coquillages : comme tout cela était loin, maintenant. Est-ce qu'elle se baignerait de nouveau, un jour?

La mer avait été son univers depuis son plus jeune âge. Elle pensa à Nihassah qui l'avait découverte sur le rivage. Elle lui devait la vie.

Si elle voulait lui porter secours, ce n'était pas en s'asseyant par terre qu'elle le ferait. Elle jeta un coup d'œil rapide dans son sac, saisit la gourde et but quelques gorgées. Elle pressentait qu'aucune nourriture solide ne passerait encore.

Elle se releva et commença à cheminer : elle s'arrêterait quand elle aurait faim. Peut-être qu'elle devrait se concentrer sur les fonds sous-marins, au lieu de laisser s'épanouir son imagination, si fertile. Nihassah avait bien dit que sous terre, on donnait vie à ses propres cauchemars, qu'on s'inventait des monstres et qu'on les faisait exister. C'était exactement ce qu'elle avait fait, finalement. Toujours selon Nihassah, les cavernes étaient vides. Enfin, presque... Mais elle n'allait pas recommencer à se représenter toutes sortes d'êtres malfaisants, embusqués dans de sombres anfractuosités avec l'intention de l'attaquer.

Gaïg se sentait ragaillardie, ses enjambées augmentèrent, et elle progressa dans un rêve : elle nageait sous l'eau, absorbée par l'exploration d'une cavité sous-marine. Elle ne sentait même pas la fatigue : l'eau la portait. Elle parcourut ainsi une bonne distance, examinant les parois de la galerie au fur et à mesure qu'elles émergeaient de l'ombre, les décorant à son gré d'algues et d'anémones de mer.

Leur aspect changea assez brutalement, laissant apparaître des irrégularités qui ne pouvaient être que naturelles. Le plafond était légèrement plus haut, et ce qui avait été un boyau pour Nains se transformait en un tunnel aux parois un peu plus espacées. Le sol devenait inégal, les accidents du terrain se multipliaient, et les cailloux roulaient sous ses pieds. En fait, les Nains devaient utiliser comme point de départ un réseau de failles et de galeries naturelles, qu'ils élargissaient selon les besoins, quitte à creuser un tunnel pour se rendre en un lieu précis. Gaïg se doutait qu'elle déboucherait sous peu dans une caverne. Elle avançait, c'était le principal.

Elle ignorait depuis combien de temps elle marchait, et elle ne perçut pas tout de suite le bruit. Il devait se faire entendre depuis un moment, étant donné son intensité. Il était maintenant assez fort pour que Gaïg distingue sans hésitation le clapotis d'une eau s'écoulant sur des rochers. La rivière. Nihassah lui avait dit : « Suis la rivière. » Elle était donc sur la bonne voie. Il est vrai qu'aucune alternative ne s'était présentée à elle depuis le début de sa progression, elle avait simplement suivi le boyau. Mais elle trouva agréable ce premier repère, qui la rassura.

Elle dut progresser encore un bon moment avant de découvrir une petite cascade qui débouchait d'un orifice en hauteur, sur sa droite, et se poursuivait par un ruisseau serpentant entre les rochers. Gaïg vérifia tant bien que mal qu'elle n'était pas dans une caverne, les murs du tunnel étant de plus en plus éloignés maintenant, avant de s'approcher de la chute. Que c'était bon, l'eau. Elle se déchaussa pour se tremper les pieds, puis les jambes, et finit par s'allonger tout habillée dans le cours d'eau. Il n'était pas profond, et elle ne pouvait pas plonger, mais cela faisait si longtemps qu'elle ne s'était pas baignée! Couchée dans le ruisseau, elle se tournait sur le ventre, sur le dos, laissant l'eau couler le long de son corps.

Elle sursauta en apercevant une lueur qu'elle n'avait pas remarquée plus tôt, assez loin devant elle. Il y avait quelqu'un! Sans doute un Nain, qui pourrait secourir Nihassah et l'accompagner au village souterrain. Peut-être même qu'ils étaient plusieurs. Gaïg se redressa, attrapa en vitesse son sac et sa pierre lumineuse, et se précipita vers la lueur. Elle était tellement soulagée qu'elle ne pensait même pas à appeler pour se signaler. Les rochers lui écorchèrent les pieds à plusieurs reprises, mais elle n'y prit pas garde. Elle les soignerait après, c'était fini, ce cauchemar souterrain, elle se rapprochait du Nain. Elle se trouvait maintenant dans une grotte. L'immobilité de la lueur finit par l'intriguer. C'est presque le nez dessus qu'elle discerna ce qui n'était qu'un lot de pierres lumineuses, comme Nihassah le lui avait décrit. Elle s'assit, accablée.

12

Emportée par son élan, Gaïg n'avait prêté aucune attention au trajet emprunté pour accéder à la lueur, et une vague de découragement se coula en elle. Elle pensait avoir avancé en ligne droite, mais elle n'en était plus très sûre. Une galerie s'ouvrait dans la muraille, derrière l'amas de pierres, mais était-ce la bonne? Elle ignorait la taille de la caverne, et il y avait peut-être plusieurs chemins. Elle supposait que les pierres avaient été placées là, à dessein, pour indiquer la direction du village… Mais, si c'était une route qui menait à une vieille mine abandonnée, à un filon de minerai épuisé ou, pire, à un piège pour égarer les indiscrets?

Le clapotement de l'eau l'entourait d'un murmure insistant, son intensité avait augmenté. Tout à coup, elle se redressa : « Suis la rivière… », avait dit Nihassah. Mais où était-elle? Gaïg chercha à se repérer : si elle localisait la cascade, elle reviendrait à son point de départ, elle pourrait se réorienter et longer le ruisseau. Elle tendit l'oreille et fit quelques pas dans la direction d'où lui semblait provenir le bruit. Mais c'était difficile, avec la résonance de la caverne, de situer l'origine du son : la peur aidant, elle avait l'impression qu'il venait de partout à la fois. Gaïg sentit l'affolement la gagner, une fois de plus. En un geste d'anxiété et de désespoir mélangés, elle joignit les mains et joua machinalement avec la bague, la faisant tourner autour de son doigt. Le gargouillement aquatique qu'elle entendait se différencia, et elle reconnut la clameur de la chute, vers laquelle elle se dirigea. La cascade était là, et le boyau d'où elle était sortie s'ouvrait à côté.

Gaïg poussa un soupir de soulagement. Elle ressentit alors une intense fatigue, ses deux jambes ne la supportaient plus, c'était trop d'émotions à la fois : elle se laissa tomber sur le sol, désireuse de se reposer, et glissa dans le sommeil. Elle se figura que quelqu'un lui chuchotait : « Ne t'endors pas ici ». Mais elle savait qu'il n'y avait personne, c'était encore un tour de son imagination trop féconde, comme pour les pierres. Elle sombra dans une inconscience réparatrice et bienfaisante.

Ce fut la sensation de froid qui la réveilla. Elle était gelée. Tellement gelée qu'elle ne pouvait pas remuer les membres. Avec ce refrain lancinant dans la tête : « Wolongo, Filledel'Eau. Wolongo, Filledel'Eau. » Où avait-elle déjà entendu ça? Ah oui, dans son rêve avec le Nain blanc et... la Reine des Nains. Gaïg baptisait Roi ou Reine tous les personnages qui sortaient un peu du commun et qui lui semblaient posséder une certaine importance, laquelle se percevait à la majesté qui se dégageait d'eux et qui s'imposait à elle. Dans le rêve, la Reine des Nains l'avait appelée Wolongo, Filledel'Eau. Le refrain continuait, incessant et distinct : « Wolongo, Filledel'Eau », et Gaïg sentit alors la froidure de l'eau qui l'entourait de toutes parts. Elle était transie et trempée, immergée dans un courant d'eau glaciale.

Elle dut faire un effort phénoménal pour briser la gangue d'inertie qui l'enveloppait et pour se relever. Que s'était-il passé? Est-ce que le niveau de l'eau était monté subitement? Y avait-il eu un orage là-bas, très loin à la surface? Gaïg fut tentée de se laisser aller de nouveau, fascinée par l'étendue liquide qui l'environnait. Il suffisait de se laisser emporter, de se fondre dans le courant... « Wolongo, Filledel'Eau. » Le refrain continuait, étrange et insistant. Gaïg était partagée entre deux désirs contradictoires : rester dans l'eau, s'y mélanger et s'y dissoudre jusqu'à devenir liquide elle-même; ou en sortir, ce qui était la voix de la raison. Mais le cours d'eau semblait animé d'une volonté propre, à la fois accueillante et glaciale, qui l'attirait invinciblement. Elle fut la première surprise en entendant sa propre voix résonner dans les ténèbres, avec un accent qu'elle ne se connaissait pas : « Wolongo, Filledel'Eau. Jecommandeàl'Eau. »

C'est quand elle vit l'eau se retirer, quand elle eut constaté la diminution de la rivière qui retrouva son débit initial en peu de temps, qu'elle admit sa frayeur. Gaïg tremblait de tous ses membres mais ce n'était plus à cause du froid. La rivière était vivante, et elle avait essayé de l'emporter. Était-ce possible?

Sidérée, elle considérait le cours d'eau à ses pieds. « Il y a de tout sous terre, avait dit Nihassah. Y compris du danger. » Mais Gaïg se représentait celui-ci comme quelque chose de compréhensible, de prévisible, émanant de choses vivantes, comme Garin ou les autres enfants. Ou la mer, le feu, un affaissement de terrain. Mais pas ça. Pas une rivière vivante! Il lui fallait s'éloigner, très vite.

La pierre lumineuse apparaissait là où elle l'avait laissée, mais son sac avait disparu, sans doute entraîné par le courant. Elle scruta les alentours, du moins ce qu'elle pouvait en discerner, et avança dans la direction qu'elle considérait être le « toujours tout droit » de Nihassah. La rivière coulait, à sa droite, dans un clapotis qu'elle jugeait maintenant inquiétant. Gaïg faisait un pas à la fois, afin de ne pas dévier de sa route. Elle s'inquiétait de la présence de multiples tunnels, et elle faillit hurler de colère et de découragement quand elle constata qu'elle allait aboutir en plein milieu de la muraille, avec une ouverture de chaque côté, à quelques pas de l'endroit où elle se trouvait. Laquelle choisir? La rivière s'enfonçait dans le sol devant la galerie de droite, et Gaïg se dit que si elle réapparaissait, ce serait dans celle-là. Optant pour la droite, elle posa le pied sur quelque chose de mou et de mouillé qui la fit se liquéfier instantanément sous l'emprise de la terreur, avant qu'elle ne reconnaisse son sac. C'est en le retrouvant que Gaïg fut saisie de ce qu'aurait représenté sa perte, puisqu'elle se serait retrouvée sans nourriture.

Jetant un coup d'œil autour d'elle, elle vit plus loin la lueur dégagée par l'amas de pierres lumineuses. Elle frémit en pensant qu'elle avait failli s'engager dans cette lointaine galerie. Comme tout était trompeur, sous terre, et comme on pouvait se perdre facilement! À moins d'appartenir au peuple des Nains...

Gaïg s'engagea dans le boyau de droite, méfiante, les sens en alerte. Elle progressait avec circonspection, et quand elle entendit de nouveau le clapotis de l'eau, elle se réjouit. La résurgence ne devait pas être loin, elle était sur la bonne voie. Son intuition se confirma un instant plus tard, et elle suivit le trajet de l'eau un bon moment. Elle était partagée entre deux prudences contradictoires : celle qui lui conseillait de se tenir à l'écart du cours d'eau et celle qui lui dictait de se raccrocher à ce fil directeur. Elle avait mal aux pieds, et la fatigue commençait à se faire sentir. Quelle distance avait-elle parcourue? Elle n'en avait pas la moindre idée. Combien de temps s'était écoulé? Tant de choses s'étaient passées depuis son réveil dans la petite caverne de Nihassah...

Elle décida de faire une pause pour se restaurer et reprendre des forces. Le contenu du sac était trempé, mais tant pis : elle dévora son pain mouillé, avec un morceau de fromage. Elle mangea tout le pain, craignant qu'il ne soit moisi le lendemain. Il y avait des herbes dans le sac, sans doute des plantes pour soigner. Mais pourquoi Nihassah les avait-elle mises dans sa besace? À tout hasard, elle mâchonna quelques feuilles, en rêvant au monde extérieur. Comme c'était beau, le vert de la nature! Et le bleu du ciel, avec le blanc des nuages. Et le bleu-vert de la mer. Et la diversité colorée des fleurs et des poissons. Peut-être que les poissons étaient les fleurs de la mer...

Gaïg se fit la remarque qu'elle découvrait la couleur par son absence. Ici, tout était marron, sombre, noir. Elle décida que si elle survivait et revoyait le soleil un jour, elle s'habillerait toujours de couleurs vives et franches : des rouges flamboyants, des bleus éclatants, des jaunes éblouissants contrastant avec des verts vibrants et lumineux. Elle aurait une surabondance de couleurs autour d'elle et sur elle, pour oublier ce monde de l'ombre.

Se sentant revigorée, elle repartit d'un pas alerte, beaucoup plus confiante qu'auparavant. Peut-être qu'elle avait trop attendu pour manger, qu'elle aurait dû se nourrir plus tôt, puisque ça lui avait fait tant de bien. Et quelles étaient les plantes qu'elle avait mâchouillées? Elle ne les identifiait pas, mais elle connaissait suffisamment Nihassah pour savoir qu'elle n'aurait rien mis de nocif dans son sac. D'ailleurs, c'était peut-être les plantes, qui la faisaient se sentir aussi bien... Tout lui semblait possible, maintenant : elle s'en sortirait. Elle arriverait au village souterrain, les Nains iraient chercher Nihassah par des raccourcis connus d'eux seuls, ils la soigneraient et ramèneraient Gaïg au grand jour. Elle ne reviendrait pas au village, ça, c'était sûr : plus jamais elle ne voulait revoir Garin. Une vague d'euphorie l'envahit, avec un enivrant sentiment de liberté.

Le tunnel était assez vaste depuis un moment déjà et elle entrevoyait parfois des galeries latérales, qu'elle se gardait bien d'emprunter. Même si la rivière était redoutable, tant qu'elle la suivrait, elle serait sur le bon chemin. Elle éprouva une frayeur en pensant à ce qu'elle avait vécu. Elle avait réellement eu la perception que la rivière était vivante, qu'elle possédait un esprit. Différent de celui des humains : vaste, insaisissable parce que liquide et coulant, et glacé. Ça avait quelque chose de commun avec la mer. Est-ce que la mer avait un esprit, elle aussi? En tout cas, elle était entrée en communication avec cet esprit, puisqu'il lui avait obéi. Elle avait dit : « Wolongo, Filledel'Eau. Jecommandeàl'Eau », et l'eau s'était retirée.

Gaïg était perplexe. D'où lui était venue cette phrase? Pourquoi l'avait-elle prononcée de cette façon-là? Et la rivière, cet esprit glacial et accueillant, dans lequel elle avait voulu se dissoudre...

13

Le boyau se resserrait, ce n'était plus une galerie naturelle aux aspérités tranchantes. La proximité de parois à peu près lisses et le sol régulier lui révélaient que les Nains l'avaient creusé. La rivière avait de nouveau disparu, se frayant son propre trajet sous terre. Gaïg se rappela que Nihassah lui avait dit de dormir après le premier lac, celui de Fary.

Mais où se situait ce premier lac? Elle marchait depuis une éternité et bientôt, elle n'en pourrait plus. Comment se repérer? Les indications de Nihassah se révélaient assez vagues : les noms, Fary et Fikayo, que Gaïg s'était efforcée de retenir, ne lui étaient d'aucune utilité, puisqu'il n'y avait pas de panneaux indicateurs.

Gaïg envisageait de s'arrêter pour dormir, quand elle faillit tomber : une marche, qu'elle avait ratée. C'était d'autant plus maladroit de sa part qu'il y avait une pierre lumineuse de chaque côté. Elle avait cru que les pierres signalaient l'entrée de deux galeries opposées et ne s'était pas méfiée. « Ne jamais rien tenir pour acquis, se dit-elle. Les pierres lumineuses ne se trouvent pas seulement à l'entrée des galeries. Elles peuvent signaler autre chose. Peut-être que la marche a été placée là pour avertir que l'escalier n'est pas très loin. » C'était la première fois qu'elle en rencontrait une : d'habitude, le terrain était simplement inégal, en pente douce puisqu'il suivait la rivière. Gaïg redoubla de précautions et ralentit l'allure, de crainte de basculer dans le vide si un escalier se présentait.

Elle continuait d'avancer, consciente de la fatigue qui allait en augmentant. L'envie de s'arrêter pour se reposer se faisait pressante. Elle se concentra sur l'image de Nihassah allongée dans l'obscurité avec une jambe cassée afin de se motiver. La vie de son amie dépendait d'elle maintenant, de sa persévérance et de son endurance. Il ne fallait pas qu'elle faiblisse, ni même qu'elle ralentisse, malgré sa lassitude croissante. Si petits que soient ses pas, ils la rapprochaient du but. Plus le temps passait, plus elle faisait du chemin. Si seulement elle parvenait à ce premier lac...

Elle distingua une lueur dans le lointain et refoula immédiatement l'espoir ténu qu'elle sentait sourdre en son cœur : pas de Nain en mission, en promenade ou en train de l'attendre, elle ne céderait plus aux illusions. Sans doute une intersection avec de nombreuses galeries. Ou une marche. Ou *des* marches, beaucoup de marches...

Gaïg accéléra le pas. La galerie donnait sur une caverne immense, avec un vaste lac en contrebas. Ce qui la surprit, ce fut non seulement la taille de la grotte, mais la clarté qui y régnait. Tout au moins dans une bonne partie, le reste se perdant dans le noir. Il y avait de nombreuses pierres lumineuses placées en hauteur sur le côté gauche du lac, et un peu à sa droite. Elle entendait le bruit d'une cascade, sans doute une résurgence de la rivière, se jetant dans le lac. Enfin! Elle était arrivée au lac de Fary, elle pourrait se reposer après avoir longé la rive et monté l'escalier, ainsi que le lui avait conseillé Nihassah.

Ce dernier lui donna le vertige : elle ne s'était pas interrogée sur sa longueur, ayant imaginé inconsciemment qu'il serait comme ceux qu'elle connaissait, avec une vingtaine de marches au maximum. Celui-ci se déroulait comme une dentelle géante sur la concavité de la paroi, avant d'atteindre le niveau du lac. Plusieurs galeries débouchaient sur des plates-formes disséminées sur sa longueur, et des pierres lumineuses étaient disposées en guise de rambarde au bout de chaque galerie, afin de prévenir une chute éventuelle dans le vide. Gaïg frémit. Elle venait de constater l'étroitesse de l'escalier. On ne pouvait y progresser qu'à la file, tout croisement se révélait incroyablement dangereux. Comment faisaient les Nains? Des corniches encore plus étroites reliaient entre elles des galeries qui étaient au même niveau, afin de les raccorder à l'escalier. Gaïg, ébahie, ne bougeait pas. Le spectacle impressionnant qui s'offrait à elle lui donnait un aperçu du peuple des Nains : il fallait qu'ils aillent partout sous la terre, aucun trou, aucun boyau, aucune caverne ne leur était inaccessible. « Le travail ne les effraie pas », se dit-elle, en pensant au temps nécessaire pour tailler cet escalier à même la roche. L'aménagement de la grotte avait visiblement nécessité du temps et de l'énergie. Elle devinait, plus qu'elle ne voyait, un autre escalier dans le lointain, de l'autre côté du lac. Il fallait descendre.

Gaïg jeta les yeux sur les marches qui étaient devant elle : elle fut saisie par le vertige, et la peur latente qui l'habitait explosa de nouveau en elle. Cette fois-ci, ce n'était pas des créatures imaginaires qui l'effrayaient, mais l'idée de la chute et de la mort qui s'ensuivrait. Elle s'assit à même le sol sur le premier degré, captivée et troublée par l'appel du vide. Une volée interminable de marches aussi étroites en largeur qu'en longueur dévalait la paroi, presque à la verticale. Il suffisait d'un faux pas pour perdre l'équilibre et tomber, avant de s'écraser sur les rochers, beaucoup plus bas.

Un tremblement avait saisi Gaïg, qui s'obligea à attacher son regard à la muraille. Elle ne pouvait rester là, pourtant. Pourquoi Nihassah ne l'avait-elle pas avertie? Gaïg avait l'impression qu'elle n'avait aucun choix, que les événements se succédaient à un rythme accéléré sans qu'elle pût y changer quelque chose. Colérique et impulsive de nature, elle sentait de façon intuitive qu'elle était embarquée dans une histoire qui la dépassait, qu'elle ne pouvait pas diriger à son gré. Sans avoir rien demandé, elle subissait plus qu'elle ne vivait une série d'aventures dont elle se serait bien passée.

« Le Nyanga t'aidera... », avait dit Nihassah. Elle contempla pensivement sa main, avec l'anneau lumineux de la Reine des Murènes... « Descends assise, fut la réponse. Ne regarde pas en bas, fixe la muraille. Ne la quitte pas des yeux. »

Gaïg obéit immédiatement, pour ne pas être tentée de résister, ne serait-ce qu'en raisonnant. Elle tourna la tête vers la paroi à sa gauche et se traîna sur le derrière pour atterrir sur la deuxième marche. Puis la troisième. La quatrième. La cinquième. Une autre encore. Une de plus. Encore une. Gaïg fixait intensément la muraille, la considérait, l'examinait, la scrutait : elle en avait mal aux yeux. Mais elle savait que cette concentration-là annihilait le reste : la détresse, le doute, l'angoisse de la chute, les affres de la peur, tout simplement. Assise sur un degré, elle plaçait les pieds deux marches plus bas, puis traînait les fesses et les posait sur la prochaine juste avant ses pieds, avant de tendre encore les jambes pour mettre les pieds sur la suivante. Le mouvement devenait mécanique, mais Gaïg n'avait rien perdu de sa concentration : la muraille était sa rambarde à elle, elle s'y accrochait par le regard, s'y agrippait, c'était sa corde de sécurité. Surtout ne pas regarder vers le bas, ne pas penser au vide, à la chute. Une marche, puis une autre.

Elle accéda à la première plate-forme et ne s'y arrêta que quelques secondes. Si elle s'interrompait pour reprendre son souffle, elle serait tentée de jeter un coup d'œil en bas, devant ou sur le côté, et tout serait à recommencer. Elle continua, regrettant de ne pas avoir compté le nombre de plates-formes qui la séparaient du lac. Son cou devenait douloureux, à orienter ainsi la tête vers la gauche, et ses fesses également. Mais la méthode préconisée était bonne, puisqu'elle progressait.

La descente était astreignante, interminable, et Gaïg ferma un moment les yeux, pour ne pas être tentée de regarder où elle se situait par rapport à l'eau. Mais c'était pire, elle sentit revenir le vertige et se dépêcha d'observer la paroi. Les plates-formes se succédaient, elle en avait déjà compté cinq. Sa douleur fessière s'était transformée en une brûlure aiguë, et les muscles auxquels elle demandait cet effort inhabituel lui causaient d'énormes souffrances lors de la contraction. Ses jambes se mirent à trembler, et au moment où elle se préparait mentalement à évaluer sa position, ses pieds lui firent savoir qu'elle était arrivée : il n'y avait plus de marche, c'était du sable, un sable fin et noir qui formait une plage s'étalant en pente douce vers le lac.

Gaïg se mit debout et s'aperçut immédiatement que le fond de son pantalon n'avait pas résisté à cette séance prolongée de frottement. Elle avait la peau des fesses à vif et éprouvait une chaleur cuisante à cet endroit. Un peu d'eau fraîche lui ferait le plus grand bien.

Gaïg n'était pas foncièrement désobéissante. « Ne te baigne pas », avait stipulé Nihassah. Se baigner, pour Gaïg, c'était entrer dans l'eau, nager et plonger. Mais après l'expérience de la rivière, elle n'avait nulle envie de plonger dans cette étendue d'encre noire, et d'affronter encore l'esprit froidement séducteur de l'eau. En revanche, se mouiller les pieds et se rafraîchir le postérieur était tentant, et même recommandé, pour neutraliser le feu qui s'y était allumé.

Tout en se dirigeant vers le lac, Gaïg inspecta les alentours. Plusieurs galeries s'ouvraient directement sur la rive, mais elle pouvait distinguer un escalier dans le lointain, celui qu'elle était censée emprunter pour la remontée. Elle fut soulagée de constater qu'il était beaucoup moins long que celui qu'elle venait d'utiliser. Elle se retourna pour considérer ce dernier, et découvrit avec horreur qu'elle arrivait de très très haut, et qu'elle avait eu de la chance de ne pas se rompre le cou en dégringolant d'une telle hauteur. « Merci, la bague! », émit-elle en pensée.

La descente était finie, elle ne voulait plus y songer, et n'avait qu'une envie : sentir la fraîcheur de l'eau sur sa peau enflammée.

Elle mouilla d'abord ses mains et ses pieds, puis s'assit dans l'eau, éprouvant un plaisir incommensurable au contact du liquide froid. « Wolongo, Fille de l'Eau ». Oui, elle était une fille de l'eau, profondément, charnellement, de tout son être. « La mer est ma mère, après tout, puisqu'on m'a trouvée sur une plage », conclut-elle avec un sourire triste.

Elle ne voulait plus réfléchir, seulement s'abandonner un moment pour se reposer et recouvrer ses forces. L'eau était son élément vital tout autant que l'air, elle lui était physiquement nécessaire, et l'en priver équivalait à une condamnation à mort. Depuis son aventure avec la rivière, elle comprenait mieux la raison de la mise en garde de Nihassah quant au bain. Mais le lac lui faisait du bien, la réconfortait : il s'adaptait à elle, à sa forme, pour mieux la soigner et la revigorer. Il lui faisait oublier ses fesses endolories, et sa fraîcheur bienfaisante anesthésiait la sensation de brûlure.

Pourquoi ne pouvait-elle pas se baigner? Si elle demeurait à proximité de la rive, elle ne risquait rien. Est-ce que le lac avait un esprit, lui aussi? Sans doute, puisque c'était de l'eau. Gaïg, de plus en plus fatiguée, sentait le sommeil l'envahir. Il lui fallait sortir et monter l'escalier, Nihassah lui ayant préconisé de dormir après le premier lac. Elle se découvrait étrangement confiante, et la masse sombre du lac de Fary ne l'effrayait nullement. Elle se sentait en accord avec les éléments qui l'entouraient : la caverne, les pierres, le sable, et l'eau, surtout. Peut-être qu'elle devenait Naine, comme Nihassah...

Même la rivière lui semblait moins redoutable, avec son esprit liquide et glacé. Ce dernier n'avait pas voulu lui nuire, après tout : l'Esprit de l'Eau avait senti en elle une alliée et avait voulu se rapprocher. Ce n'était pas un ennemi, il possédait une personnalité différente, envahissante, certes, parce que liquide : c'était dans sa nature même de cerner, d'entourer, d'inonder. Gaïg était en mesure de comprendre cela et se laissait aller à une rêverie lénifiante sur l'eau, imaginant ce que serait un monde sans terre, une planète uniformément recouverte d'eau. Avec quelques îles, quand même, pour se reposer de temps en temps; et pour les fleurs...

* * *

L'Esprit de l'Eau lui parlait. Il lui racontait l'histoire de l'eau : les ruisseaux de montagnes qui devenaient parfois torrents à la fonte des neiges, les rivières et les fleuves qui se jetaient dans la mer, les marées et les courants marins, les profondeurs abyssales, les vagues, les océans, les atolls et les lagunes. Les banquises et les névés. Les affluents et les estuaires, les deltas et les marigots. Les mares, les lacs et les étangs. Les marais, les mangroves et les marécages. Les nuages et les pluies, les typhons et les cyclones, les moussons et les inondations, les sources dans les forêts et les nappes souterraines. Et grâce à toute cette eau, un monde se créait : un univers aquatique composé de milliers de créatures dont l'existence était étroitement liée à l'eau. Le rêve se termina sur la vision d'une sirène aux reflets d'un vert métallique. Soudainement, sans transition, trois hideuses créatures au visage bouffi, à la peau verdâtre et au corps gonflé comme celui d'un noyé prirent sa place...

14

Gaïg se réveilla en sursaut et fut frappée d'épouvante en apercevant les trois monstres, dans l'eau, à quelques pas d'elle. Elle hurla de terreur, attrapa son sac et prit ses jambes à son cou. La peur lui donnait des ailes. Elle n'avait jamais été confrontée à une telle hideur, il se dégageait de ces êtres une impression de pourriture répugnante, et même l'air autour d'elle avait une puanteur de décomposition. Elle courait en criant, affolée à l'idée que ces cadavres vivants la poursuivraient peut-être afin de la contaminer avec leur putréfaction repoussante.

Elle arriva en trombe au pied de l'escalier et l'escalada à toute vitesse, aux prises avec un effroi sans nom. Saisissant une pierre lumineuse à l'entrée de la galerie, qui s'ouvrait en haut de l'escalier, elle s'engouffra dans le tunnel, horrifiée. Sa fuite se prolongea un bon moment, elle ne voulait surtout pas penser, car son esprit la ramenait toujours à l'image des créatures entrevues. Il lui fallait mettre le plus de distance possible entre elle et ces monstres, et elle était prête à marcher sans s'arrêter jusqu'au village. Mais l'idée du deuxième lac à venir l'effrayait et sa traversée lui semblait quelque chose d'insurmontable. Jamais plus elle ne pourrait s'asseoir au bord d'un lac souterrain, elle chercherait un autre chemin, elle explorerait les galeries environnantes, mais pour rien au monde, elle ne traverserait ce second lac.

L'Esprit de l'Eau lui avait parlé, c'était une entité inhabituelle, différente d'elle, de sa psyché, mais qui ne l'effrayait plus vraiment. Elle s'était même sentie apaisée par lui, avec un étrange sentiment de sérénité au fond du cœur. Son intuition s'était trouvée confirmée : elle n'était pas totalement terrestre, elle était aussi une créature de l'eau. C'était ça, le message de l'Esprit de l'Eau... Il lui signifiait qu'il l'avait reconnue. Mais l'eau était ambivalente et comportait un côté obscur, qui recelait des créatures malfaisantes, des êtres terrifiants.

Au bout d'un moment, Gaïg ralentit l'allure, à cause de la faim et de la fatigue. Un peu calmée, elle s'arrêta près d'un tas de pierres lumineuses et s'assit pour manger. Son sac avait dû se vider pendant sa course effrénée, il ne lui restait que la gourde d'eau, du fromage et les plantes de Nihassah. Elle grignota le fromage, sans pain, et mâchouilla quelques herbes, n'ayant rien d'autre à se mettre sous la dent. Elle se sentait toute molle et ensommeillée.

Gaïg reprit sa marche, mais la lassitude gagnait du terrain. Il était temps pour elle de chercher un endroit où s'assoupir, elle n'en pouvait plus. Hantée par le souvenir de son réveil abominable près du lac, elle ne voulait pas s'endormir profondément et attendit de rencontrer un nouveau tas de roches lumineuses pour s'installer. Elle les disposa à quelques pas d'elle, de chaque côté, afin d'éclairer un espace plus vaste. « Il vaut mieux voir venir le danger de loin », se fit-elle comme réflexion. Heureusement que les Nains avaient découvert les propriétés de ces pierres! Elle se demanda ce qu'elle serait devenue sans ces dernières. Elles ne possédaient pas l'éclat du soleil, bien sûr, mais leur rayonnement lumineux l'avait accompagnée tout au long de son équipée, et rassurée plus d'une fois. S'adossant à la muraille, elle s'assit, jambes croisées et fesses endolories, et pensa aux Nains. « Quel peuple singulier! » fut sa dernière pensée.

* * *

Ce fut la sensation d'une présence qui la réveilla. Elle resta d'abord immobile, terrifiée à l'idée que les trois monstrueuses créatures l'avaient suivie et rattrapée. Le silence était absolu. Sans bouger, elle entrouvrit les yeux de façon imperceptible et scruta discrètement les alentours. Ne voyant rien, elle ouvrit complètement les yeux et tourna doucement la tête à droite et à gauche. Rien ne bougeait. Pourtant, elle avait toujours l'impression d'une présence, d'un regard posé sur elle. Elle considérait, l'esprit ailleurs, la muraille en face d'elle, décidée à reprendre sa route, afin de s'éloigner de ces lieux et d'arriver le plus vite possible au village.

Gaïg en avait assez d'avoir peur, elle détestait les souterrains et tout ce qu'ils contenaient, les cavernes et les galeries, les boyaux, les tunnels, les trous, les crevasses, les fentes, les cavités, les Nains, et tout ce qui avait trait à ce séjour sous terre. Depuis le début de son périple dans ce ténébreux univers minéral, la peur avait toujours été là, plus ou moins forte, certes, mais Gaïg était consciente de son existence. Ce qui l'effrayait maintenant, c'était la certitude qu'il existait des choses bien plus redoutables que celles qu'elle connaissait. Et elle ne se sentait pas du tout courageuse, elle n'était qu'une petite fille, un peu inhabituelle peut-être. En tout cas, elle ne se sentait pas l'âme d'une héroïne qui accomplit des exploits.

Elle se leva avec précaution, comme si des mouvements brusques avaient pu déclencher quelque chose de terrible. Elle se mit en route, notant au passage que la paroi en face d'elle avait changé d'aspect. Lisse maintenant, elle présentait, au moment de son réveil, une convexité qui, Gaïg le constatait *a posteriori*, avait forme humaine. Comme si un homme en creux s'était tenu debout là, et avait disparu en s'enfonçant dans la pierre. « Bon, ça au moins, ce n'est pas possible », se dit-elle.

Elle avança d'un bon pas : il lui sembla que les tas de pierres lumineuses devenaient plus nombreux, comme si les intersections se multipliaient. Les cavernes étaient plus fréquentes, aussi, mais comme elles étaient plus éclairées, Gaïg n'avait pas trop de mal à s'orienter. Elle pensa que les lieux devaient être davantage fréquentés, puisque les traces de la présence des Nains augmentaient. Si seulement elle avait la chance de rencontrer un Nain, de préférence avant le lac...

N'ayant aucun repère temporel, Gaïg ignorait si elle avait dormi longtemps, si c'était encore la nuit ou le matin pour elle, et si le trajet restant à parcourir serait long. Elle cheminait, orientant volontairement le fil de sa pensée vers des choses rassurantes et agréables. Une fois de plus, elle s'imagina nageant entre deux eaux dans la baie de son village, visualisant les rochers et leurs habitants, ceux qu'elle connaissait aussi bien que les inconnus. En fait, les seuls qu'elle identifiait étaient ceux qui avaient un habitat fixe...

Elle se revit pêchant au bord de l'eau, puis cuisant et dégustant le produit de sa pêche. Ce souvenir lui fit prendre conscience de sa faim et, surtout, de l'absence de nourriture. Elle avait mangé son dernier morceau de fromage avant de s'endormir et il ne lui restait que des herbes.

Au fur et à mesure de sa progression, elle sentait son estomac la tirailler. Heureusement qu'elle avait encore de l'eau. Peut-être qu'elle devrait manger le reste des herbes de Nihassah, elle aurait toujours ça dans l'estomac. Elle en avait déjà mâchouillé quelques-unes et n'avait pas été malade. Après tout, les brebis et les chèvres se nourrissaient d'herbe, et une multitude d'autres animaux également. Elle prit deux tiges feuillues dans son sac et les mastiqua le plus longtemps possible, afin de tromper sa faim. Puis elle but ce qui restait d'eau dans la gourde.

Un moment après, elle se sentit ragaillardie, revigorée, et trotta d'un bon train. Peut-être que c'étaient des plantes médicinales qui chassaient la fatigue, effaçaient la faim et redonnaient de la force...

Gaïg accéléra, comme un cheval qui sent l'écurie et veut rentrer au bercail. Pourtant, le village des Nains, s'il était le but de son équipée, n'était pas son chez-soi, et elle ignorait comment elle y serait reçue. Les Nains étaient réputés pour leur sécheresse et leur froideur : leur mécontentement perpétuel en faisait des êtres grognons et ronchons, toujours en train de bougonner. Elle leur dirait tout de suite que c'était Nihassah qui l'avait envoyée et qu'il fallait la sauver. Gaïg ne s'était pas beaucoup attardée à la pensée de sa vieille amie blessée, et elle se demanda comment les choses se passaient pour elle. Peut-être qu'elle avait crié, que les villageois avaient entendu et qu'ils avaient déblayé l'entrée de la caverne pour la secourir... Gaïg n'y croyait pas trop, mais envisager la mort de Nihassah était insupportable. Non, elle n'aurait pas fait tout ce chemin pour rien, elle n'aurait pas eu peur pour rien, et la Naine aurait la vie sauve. Mais peut-être qu'elle avait soif, ou faim, ou qu'elle se vidait de son sang...

Gaïg aurait bien voulu accélérer, mais la fatigue l'en empêchait. Ses pieds étaient douloureux, et ses jambes, ses hanches, son dos, ses épaules, tout son corps était épuisé. Elle avait faim et soif, et si les plantes de Nihassah lui donnaient un coup de fouet, leur effet était limité dans le temps. Elle prit encore une tige qui lui sembla former un bloc pâteux dans la bouche, et qu'elle avala en fermant les yeux. Elle n'avait plus d'eau, et il fallait continuer...

Après un temps qui lui parut interminable, Gaïg arriva enfin au deuxième lac, celui que Nihassah avait appelé Fikayo, et elle constata avec soulagement qu'il était de dimensions plus modestes que le précédent. Malheureusement, il ne comportait aucune plage, aucune corniche où poser le pied pour le contourner. Les falaises tombaient abruptement dans l'eau. Elle nota la présence de planches en bois, en tas près de l'entrée. Peut-être que les Nains avaient l'intention de construire un pont... Le seul accès à la galerie qu'elle discernait en face était une série d'énormes rochers, presque des îlots, qui émergeaient de la surface comme des dos de tortue défilant à la queue leu leu.

Gaïg frémit à l'idée de glisser et de tomber dans le lac. C'était bien la première fois de sa vie qu'elle redoutait un plongeon. Mais le souvenir des trois créatures infernales la hantait encore, et seule la proximité du village la motivait pour avancer. Peut-être qu'elle pourrait s'arrêter là et attendre le passage d'un Nain. Peut-être qu'il n'y avait pas de communication entre les deux lacs. Mais elle avait parfois entendu le clapotis de l'eau sous la pierre... Peut-être que les créatures ne quittaient pas le lac de Fary!

Elle se dit que moins elle penserait, mieux cela vaudrait; plus elle réfléchirait, plus elle hésiterait. Pendant ce temps, les minutes s'écoulaient, et Nihassah souffrait. Si elle avait pu, elle aurait foncé sur les rochers, les yeux fermés, en courant, pour abréger la traversée. C'était aussi le plus sûr moyen de finir dans l'eau...

Le plus silencieusement possible, Gaïg posa le pied sur le premier rocher, rétablit son équilibre et se prépara pour le suivant. Elle fit ainsi plusieurs pas, qui se transformèrent bientôt en sauts : les rochers, assez rapprochés au début, étaient maintenant un peu plus espacés. Le passage d'un rocher à l'autre nécessitait des bonds plus importants, et elle se concentrait avant de prendre son élan.

Elle voyait se rapprocher la galerie d'en face avec un soulagement indicible, quand elle entendit un bruit dans l'eau, comme celui que ferait un poisson en sautant. Un gros poisson... Elle se figea sous l'emprise de la peur, puis la panique la saisit : elle sauta en hurlant sur plusieurs rochers successifs et, ayant mal calculé son élan, tomba à l'eau avant d'atteindre le dernier rocher. Comme elle n'avait pas pied, elle se dépêcha de remonter à la surface. L'eau était noire et glacée. Elle ressentit une piqûre brûlante au-dessus de la cheville alors qu'une des hideuses créatures du premier lac émergeait simultanément à ses côtés et lui attrapait d'une main molle et gluante le poignet qu'elle posait sur le roc.

Avec l'énergie du désespoir, elle réussit à y grimper, sans que la créature lâchât son poignet. Gaïg utilisa alors son autre main pour se libérer de l'emprise du monstre : elle fut éblouie par un fulgurant éclat de lumière, entendit un cri déchirant, sentit l'exhalaison d'une haleine putride, et constata qu'elle était libre. Reprenant immédiatement son élan pour sauter sur la berge, elle s'engouffra dans la galerie, imaginant que les créatures la poursuivaient. Elle s'enfuit en hurlant de nouveau et percuta de plein fouet une masse molle, mais vivante, dans le couloir.

Elle s'évanouit.

15

Le Nain la ramassa en grommelant, la chargea avec douceur sur son épaule comme un vulgaire sac de charbon et fit demi-tour, toujours en bougonnant. Décidément, les temps avaient changé, et on trouvait de tout sous terre, y compris des fillettes aux vêtements mouillés. Le plus urgent était de s'occuper d'elle et de la réchauffer, elle semblait en piteux état.

Il l'avait entendue crier. Il lui semblait bien reconnaître la jeune amie de sa fille dans ce paquet de chair qu'il portait sur l'épaule. Il avait déjà eu l'occasion de la voir plusieurs fois, là-haut, dans le village de la surface. Mais où était Nihassah? Et cette bague en Nyanga à son doigt... « M'est avis qu'il s'est passé quelque chose là-bas », se répétait Mukutu[1],

1. Prononcer « Moukoutou ». Le *u* se prononce *ou* chez les Nains.

en se dirigeant à grandes enjambées vers le village.

Son arrivée ne passa pas inaperçue et en un instant, il se retrouva entouré de Nains.

Gaïg reprit ses esprits sous la violence de la friction qui lui était faite, et faillit hurler de nouveau en découvrant ces visages inconnus, tous barbus, penchés sur elle. Elle comprit immédiatement où elle se trouvait et se redressa.

— Nihassah! Il faut la sauver. Elle est blessée. Sa jambe est cassée. Il y a eu un éboulement.

Les Nains se consultèrent brièvement du regard.

— Où? demanda Mukutu.

— Chez elle. Les villageois ont mis le feu à sa maison. L'entrée de la grotte s'est effondrée. Elle ne peut plus sortir. Elle est prisonnière.

— On est moins prisonnier sous terre qu'au-dessus, maugréa quelqu'un.

Gaïg prenait maintenant conscience d'une douleur qui naissait dans sa cheville, irradiait dans sa jambe et allait en remontant jusque vers sa tête. Son front se couvrit de sueur, les visages lui apparurent de plus en plus flous, et les voix plus lointaines. Elle lutta un moment puis sombra dans l'inconscience.

— M'est avis qu'les Vodianoïs sont de r'tour, déclara Mukutu. Sal'tés d'bestioles...

— Et qu'elle a été mordue, ajouta une Naine à la voix chaude, qui venait d'arriver. Laissez-la-moi, je m'en occuperai.

— Amène-la chez moi, Keyah, ordonna Mukutu, et soigne-la bien. Afo t'aid'ra. J'te donn'rai d'la glaise d'Bakari. M'est avis que j'suis bon pour un départ... Qui vient avec moi?

Cinq Nains trapus et costauds se détachèrent immédiatement de l'attroupement et s'approchèrent, bedonnants et chevelus, un pic ou une pioche coincés dans la ceinture. Mukutu émit un grognement de satisfaction qui pouvait passer pour un remerciement. Il n'était pas étonné du nombre de volontaires : les Nains avaient pour habitude de se déplacer toujours en bande, aussi bien sous terre qu'à l'extérieur. Une grande solidarité les unissait et pour eux, le groupe était non seulement un microcosme du clan, mais également un moyen de parer aux impondérables de la vie, que ce soient des catastrophes naturelles imprévues ou des affrontements corps à corps avec des ennemis d'en haut.

Ils ne jouissaient pas d'une bonne réputation à la surface : on les disait impatients, ombrageux et batailleurs, et les bagarres étaient effectivement fréquentes. Non qu'ils cherchassent noise aux gens de la surface, mais ces derniers étaient toujours prêts à discuter les prix. Or, pour les Nains, la qualité avait un prix. Leurs outils et leurs armes étaient ce qui se faisait de mieux en la matière et coûtaient de ce fait très cher. Les Nains étaient forgerons dans l'âme, et une épée ou une faux forgée par l'un d'eux durait une vie, quand ce n'était pas plus. Leurs épées les plus célèbres étaient entrées dans la légende depuis des siècles, entourées d'un halo de mystère qui ajoutait au secret de leur fabrication. Ils possédaient un don certain pour le travail de la forge.

Ce n'était pas le commerce qui les intéressait particulièrement : il était dans la nature des Nains de s'investir corps et âme dans la fabrication d'un objet, qui devenait leur création propre, artisanale, leur enfant et, *a priori*, ledit objet n'était pas destiné à la vente. Seule la nécessité les poussait à commercialiser certains de leurs ouvrages, pour se procurer ce qu'ils ne pouvaient extraire de leurs souterrains, principalement la nourriture et les vêtements.

Or, il y avait une importante demande pour les instruments issus de leurs brûlants ateliers. D'où les accrochages : les Nains vendaient leur production au plus offrant, considérant que le prix élevé payé par l'acheteur était la reconnaissance implicite de la grande valeur de leur œuvre. Les crises de jalousie étaient fréquentes entre riches et gens moins fortunés, d'autant plus que les vols se révélaient impossibles : les articles vendus à un particulier étaient soumis à un enchantement, qui faisait de ce dernier l'unique propriétaire de la chose. À son décès seulement, l'outil ou l'arme pouvait passer à un de ses descendants. En cas de vol, l'article subissait une désintégration accélérée sous l'action de la rouille et était perdu aussi bien pour le voleur que pour le propriétaire négligent qui n'avait pas suffisamment veillé sur lui. Chaque Nain était capable de reconnaître les instruments par lui forgés, et avait en mémoire tout ce qu'il avait pu créer depuis son jeune âge, ce qui représentait pour les plus âgés quelque neuf cents ans de labeur parfois...

À cela s'ajoutait, curieusement, un travail d'une grande finesse en orfèvrerie : sous des dehors frustes et grossiers, les Nains possédaient un sens artistique très développé en matière de bijoux, et obtenaient du métal ce qu'ils désiraient. Les pierres précieuses ne leur faisaient pas défaut, puisqu'ils les extrayaient du sol, et ils les sertissaient dans d'arachnéennes dentelles de métaux rares et recherchés. Mais leur production de joyaux atteignait rarement la surface : les Nains créaient des chefs-d'œuvre de joaillerie uniquement par amour de l'art, et ils gardaient jalousement leurs créations pour eux. Ils détenaient des merveilles d'une valeur inestimable, cachées dans les profondeurs de leurs cavernes les plus inaccessibles, sans compter les collections personnelles entassées dans les habitations pour le plaisir des yeux, jusqu'à ce qu'elles aillent rejoindre le trésor commun.

Ces talents pour la forge et l'orfèvrerie ne constituaient pas leurs seuls atouts : le travail de la pierre faisait également partie de leurs aptitudes et ils avaient la réputation d'être d'excellents tailleurs de pierres. Ils restaient quelquefois plusieurs mois à la surface pour travailler à l'érection d'une maison, d'un château, d'un lieu de culte, et leurs constructions défiaient les siècles.

Les Nains n'étaient pas agressifs, ils désiraient simplement vivre en paix, dans la simplicité de relations saines et franches. Les règles de vie en surface leur semblaient outrageusement compliquées et parfois dénuées de bon sens. Rustiques et efficaces, primitifs aux yeux de l'extérieur avec leur désarmante franchise, les Nains avaient simplement réussi à conserver la pureté originelle de leur peuple, telle qu'elle leur avait été léguée par leur mère à tous, Mama Mandombé, la Déesse Magnifique.

Et la solidarité était une de leurs valeurs primordiales.

C'est pour cette raison que Mukutu ne fut pas plus surpris par l'engagement de Babah, Bassirou et Gotoré, ses amis de toujours, que par celui de Bandélé et Toriki, qui appartenaient à la *jeune* génération, celle de Nihassah.

— M'est avis qu'plus vite on part, plus vite on s'ra de r'tour, lança-t-il à leur intention. On se r'trouve ici dans un moment, et on y va. Bandélé, tu t'occupes d'la civière, s'il t'plaît.

Keyah s'apprêtait à emporter Gaïg inanimée dans ses bras, mais Mukutu l'arrêta d'un geste, saisit Gaïg et la plaça sur son épaule pour la transporter. Keyah sourit intérieurement en pensant au drôle de père qu'il avait dû être, et imagina Nihassah bébé en train de rendre son rot sur l'épaule paternelle : sûr qu'avec un traitement pareil, ce n'était pas seulement son gaz qu'elle rendait... Mais il lui fallait s'occuper de Gaïg avant que le mal ne s'étende et fasse des ravages.

Mukutu installa Gaïg sur un solide lit en bois placé au milieu de la pièce qui servait jadis de chambre à Nihassah, et s'éloigna. Il remplit rapidement un sac de toile de différentes denrées, y ajouta quelques plantes et poudres médicinales soigneusement choisies sur une étagère, prévoyant qu'il faudrait redonner des forces à Nihassah avant de prendre le chemin du retour. Il se munit également de baguettes de bois, pour la fabrication d'une attelle, et d'un coupon de toile qui servirait de couverture. Il consulta le contenu d'un placard plein de roches, sembla hésiter, puis attrapa délicatement ce qui devait être une pierre enveloppée dans un épais chiffon noir. « On n'sait jamais », murmura-t-il pour lui-même. Il attrapa un flacon, qu'il tendit à Keyah.

— Tiens, c'est d'la Glaise d'Bakari. Tu en mets sur la plaie et tu la brûles après l'avoir utilisée.

Quand il arriva au lieu de rendez-vous, ses compagnons de route étaient déjà là, attendant en silence, Bandélé s'appuyant sur ce qui devait être la civière : deux bâtons assez longs enroulés dans une toile rustique, mais solide.

Ils se mirent en route immédiatement, à la manière des Nains quand ils se déplacent, c'est-à-dire à la queue leu leu, adoptant immédiatement ce qui serait leur vitesse définitive : un pas alerte et régulier, qui leur permettrait de couvrir une grande distance en peu de temps. Ils savaient qu'ils ne s'arrêteraient pas avant d'avoir retrouvé la fille de leur chef, Mukutu. Leur endurance à l'effort compensait leurs courtes enjambées, et la longueur d'un trajet ne les effrayait pas : ils pouvaient voyager plusieurs jours d'affilée dans les entrailles de la Terre. Ils étaient d'ailleurs souvent en déplacement.

Ils arrivèrent rapidement au lac et, sans se consulter, se divisèrent en trois groupes, Babah, Gotoré et Toriki ramassant chacun une planche dans un tas sur la berge. Ce que Gaïg avait interprété comme un projet de pont était en réalité un système de pont déjà bien installé. Les Nains posaient la planche entre deux rochers, traversaient l'eau sur ce pont improvisé et, une fois arrivés, relevaient la planche pour relier le deuxième rocher au troisième, et ainsi de suite. À cause de l'exiguïté de leur surface émergeant de l'eau, ils durent passer par groupes de deux à la fois.

Mukutu et Babah, les derniers à s'engager, s'immobilisèrent un moment au milieu du lac, tendant l'oreille. Aucun son n'était audible.

— C'est mauvais signe, qu'elles soient revenues, maugréa Babah.

Mukutu comprit qu'il faisait allusion aux Vodianoïs et haussa les épaules avec lassitude.

— M'est avis qu'il y aura d'l'agitation sous peu... Mais pourquoi l'ont-elles mordue? C'est c'que j'comprends pas. Il n'est pas du tout sûr qu'elle s'en tire... répondit Mukutu, d'une voix sombre.

— Tu as vu sa bague? demanda Babah.

— Évidemment que j'l'ai vue, lâcha-t-il. M'est avis qu'c'est la proximité du Nyanga qui m'a alerté. J'étais à la forge quand j'ai ressenti l'besoin d'aller voir c'qui s'passait là-bas. Ma propre bague avait la bougeotte. J'l'ai entendue crier, puis la Vodianoï a hurlé. M'est avis que l'Nyanga l'a brûlée quelque part... et puis la p'tite m'est rentrée d'dans et s'est évanouie. Elle a dû avoir peur d'moi...

— Ce qui se comprend, plaisanta Babah avec un rire gras et épais, en se tapant les cuisses. N'empêche, venir toute seule depuis chez Nihassah, elle a du répondant, la gamine.

— Encore une qui n'est pas c'qu'elle croit être... Cette bague...

Il ne termina pas sa phrase et reprit sa route avec Babah. Lorsqu'ils furent arrivés sur l'autre berge, Babah déposa la planche sur le tas existant. La marche recommença : ils accomplissaient le même trajet que Gaïg, en sens inverse, mais de façon rapide et efficace, sans se trouver ralentis par la peur ou l'obscurité. Ils connaissaient par cœur le réseau de galeries, et des siècles de vie souterraine avaient affiné leur vision. Les heures se succédaient, sans pause. Ils buvaient tout en marchant, échangeaient quelques rares informations au passage d'une galerie transversale, d'une caverne, mais la majeure partie du trajet s'effectua dans le silence.

Les Nains étaient d'autant moins loquaces qu'ils avaient besoin de garder leur souffle pour maintenir leur rythme de marche. Leur esprit était relié à une source commune, ancienne de plusieurs millénaires, qui les faisait constater les mêmes choses au même moment, sans avoir besoin de communiquer oralement. L'art de la conversation leur semblait suprêmement inutile et ils cheminaient silencieusement, ce qui leur permettait de se concentrer sur leur progression.

Ils mirent moitié moins de temps que Gaïg pour arriver à la caverne de Nihassah. À leur grand étonnement, elle était vide.

16

Keyah, avec l'aide d'Afo, sa sœur jumelle, déshabilla Gaïg pour localiser la morsure de la Vodianoï. Elle fut un peu surprise par l'état de son derrière, se demandant ce qui avait pu provoquer ces lésions.

— Elle a dû glisser sur les rochers, fut la réflexion d'Afo. Faudra désinfecter... Pauvre gamine. Regarde un peu ses pieds.

Toutes les deux avaient le cœur serré et examinaient le corps de Gaïg avec soin.

— C'est là, dit Keyah, en montrant le haut de la cheville.

Sans un mot, Afo lui tendit un petit couteau à lame fine et aiguisée et, d'un coup sec, Keyah fit une incision afin d'ouvrir la plaie. Gaïg tressaillit pendant qu'un sang épais et grenat jaillissait de la plaie, aussitôt épongé par Afo. Keyah, enserrant la cuisse de Gaïg de ses deux mains, descendit tout le long de la jambe, jusqu'à la cheville. Elle recommença le manège plusieurs fois, resserrant la pression au fur et à mesure qu'elle s'approchait de la blessure. Le sang coulait, chaque fois un peu moins épais, un peu plus clair, mais Keyah ne semblait pas désireuse de s'arrêter.

Afo s'éloigna un moment et revint avec un verre plein qu'elle essaya de faire boire à Gaïg qui reprenait conscience. Keyah approuva, se contentant de dire : « Il en faudra beaucoup plus, vu ce que je tire. »

Gaïg avala de travers, toussa et gémit. Une série de spasmes l'agita, comme si elle allait vomir, mais elle ne rendit que de la bile diluée, n'ayant rien dans l'estomac. Elle fut surprise par la présence des deux Naines, mais ne dit rien.

— Bois, petite princesse, insista doucement Afo. Il te faut absorber beaucoup de liquide pour renouveler le sang.

Gaïg essayait de comprendre, malgré les brumes de son esprit, ce qui lui rappelait Nihassah dans les paroles prononcées. Mais c'était trop difficile de réfléchir, elle ferma les yeux et se laissa faire, se contentant d'avaler les différents liquides que lui présentait Afo. Au bout d'un moment, elle eut l'impression qu'elle ne pouvait plus rien absorber, mais Afo continuait à lui présenter verre sur verre, pendant que Keyah, tout en parlant, lui massait la jambe pour faire saigner la plaie, bien que le débit du sang eût diminué.

— C'est une Vodianoï qui t'a mordue. De sales bêtes. Un genre de mauvaises sirènes. D'habitude, elles ne sont pas là.

Gaïg se rendormit, elle ne voulait rien savoir des monstres qui l'avaient épouvantée. Afo regarda Keyah :

— Si elle s'en sort, elle sera immunisée à vie contre tous les poisons. Mais encore faut-il qu'elle s'en sorte...

— Elle avait le Nyanga, regarde sa bague. Peut-être qu'elle a pu les toucher avec... Ça les aura brûlées... Sans doute, même, sinon elle ne serait pas là. Une Vodianoï ne lâche jamais sa proie.

— Ça ne veut pas dire qu'elle aura la vie sauve...

Keyah se redressa, les mains sur les hanches, et fixa sévèrement sa jumelle, sourcils froncés, deux plis sur le front.

— C'est fini, oui, madame je-sais-tout? Et qui te dit qu'elle ne t'entend pas? Donne-lui à boire, au lieu de dire des bêtises.

— Des bêtises, des bêtises... Je répète ce que je sais, moi, maugréa Afo.

Keyah haussa les épaules, exaspérée, et considéra Gaïg avec tendresse.

— Trouve-lui des vêtements à sa taille, à cette petite fille, au lieu de jouer les oiseaux de mauvais augure. Elle a de la chance, Nihassah, d'avoir une amie pareille. Je n'en connais pas beaucoup qui auraient fait ce qu'elle a fait...

Tout en parlant, elle appliquait une épaisse couche de Glaise de Bakari sur la morsure.

* * *

Gaïg se réveilla plusieurs fois dans les heures qui suivirent, chaque fois plus consciente de son environnement, étonnée par une nouvelle découverte. Mais elle finissait toujours par se rendormir d'un sommeil lourd et profond.

Elle eut le temps de constater que l'habitation souterraine de Mukutu était confortable, aménagée comme n'importe quelle demeure de la surface, avec partout des poutres en relief. Différents objets traînaient sur des meubles en bois. Keyah lui avait expliqué où elle se trouvait, et le désordre de Nihassah lui était revenu en mémoire : c'est une caractéristique familiale, pensa-t-elle. Elle ne parlait pas encore aux deux sœurs, voulant mettre de l'ordre dans ses idées d'abord. Elle était arrivée enfin chez les Nains. Mukutu, le père de Nihassah, l'avait trouvée : c'était lui qu'elle avait violemment percuté quand elle fuyait les Vodianoïs. L'une d'entre elles l'avait mordue, et Keyah et Afo la soignaient. On était parti à la recherche de Nihassah. Cette dernière serait sauvée.

Ses réveils étaient entrecoupés de longues périodes de sommeil. Mais la douleur à la jambe la réveillait régulièrement. Afo lui donnait alors à boire, pendant que Keyah la soutenait. C'était la première fois de sa vie qu'elle était l'objet d'une attention constante et elle en éprouvait un grand bien-être. Pourquoi les Nains avaient-ils cette mauvaise réputation? En ce qui la concernait, elle n'avait pas à se plaindre d'eux. Mais quel jour était-on? Depuis combien de temps se trouvait-elle sous terre? Et au village? Est-ce que Nihassah reviendrait bientôt? Est-ce qu'elle serait longtemps malade? Combien de temps mettait une morsure de Vodianoï pour cicatriser?

Au milieu de ces questions, elle découvrit qu'elle avait faim et réclama poliment à manger.

— C'est bon signe, petite princesse, se réjouit Keyah, pendant qu'Afo se précipitait à la cuisine. Mais tu seras au régime liquide pour quelque temps encore, tu sais. Tu dois éliminer le venin de la Vodianoï.

Gaïg engloutit le bol de soupe que lui rapporta Afo : elle aurait été incapable de dire de quoi elle était faite, sinon qu'elle était fortement épicée. Elle sentit une torpeur l'envahir de nouveau.

— Est-ce que je vais dormir beaucoup? J'ai encore sommeil.

— Ne t'inquiète pas pour ça, lui répondit Keyah sur un ton qu'elle essayait de rendre rassurant, alors qu'elle échangeait un coup d'œil avec Afo. Tu as besoin de te reposer, on ne guérit pas en quelques instants d'une morsure de Vodianoï.

Gaïg dormait déjà. Afo poussa un soupir qui en disait long : elle savait que c'était un symptôme qui ne trompait pas et que c'était mauvais signe.

— Tu ne crois pas qu'on devrait la saigner encore? demanda-t-elle à sa sœur.

— J'hésite, je lui ai déjà pris tellement de sang. Regarde comme elle est pâle.

— Oui, mais en tout cas, elle a mangé un peu de soupe. Il faut éliminer toute trace de venin, sinon elle ne survivra pas.

Keyah la fusilla du regard. Ce n'étaient pas là des paroles rassurantes. Et si Gaïg l'entendait?

— Inutile de la réveiller, je le ferai à son prochain réveil. Laisse la Glaise de Bakari faire son effet, aussi... Elle est bien jolie, avec ses vêtements de Naine.

— Moi, je te dis que ça ne va pas s'arranger. Elle ne devrait pas dormir comme ça. Nous devrions l'amener chez WaNguira.

— Qu'est-ce qu'un prêtre peut faire pour elle? C'est de soins dont elle a besoin.

— WaNguira n'est pas un simple prêtre, je te rappelle. C'est le grand prêtre des Lisimbahs. Il a étudié longtemps la magie. Et les Vodianoïs... On ne sait pas bien d'où ça vient, ces bêtes-là..., objecta Afo d'un ton lourd de sous-entendus. Il nous dira au moins ce qu'on peut faire.

Keyah était perplexe : le sommeil prolongé de Gaïg devenait effectivement inquiétant, malgré ses périodes d'éveil, pendant lesquelles elle faisait preuve de lucidité. Si seulement Nihassah était là! C'était une merveilleuse guérisseuse. Mais peut-être qu'elle ne serait pas en état de soigner quelqu'un, si elle-même était malade. Et elle se sentirait responsable de la mort de Gaïg, puisque c'était elle qui l'avait envoyée. Mais comment aurait-elle pu savoir que les Vodianoïs étaient de retour, et surtout, qu'elles auraient mordu la petite? Pourquoi s'en étaient-elles prises à elle, d'abord? D'habitude, elles étaient repoussantes, certes, mais pas agressives, à moins d'être attaquées. En tout cas, Nihassah ne leur pardonnerait pas, à Afo et à elle, si Gaïg venait à disparaître. Et peut-être que WaNguira serait de bon conseil, après tout...

Gaïg se réveilla une fois de plus : elle avait l'air presque bien, sauf pour l'œil exercé des jumelles, qui l'examinaient discrètement, notaient le brillant de ses yeux, le bleu de ses lèvres et de ses doigts, presque violets sous les ongles, et la gangrène naissante, à peine visible, de la plaie. Afo lui servit un autre bol de soupe et Keyah s'apprêtait à lui annoncer la visite chez WaNguira, quand ce dernier entra dans la pièce. Les deux sœurs ne furent guère étonnées : ayant parlé de lui, ayant prononcé son nom, ayant pensé à lui, il était quasi inévitable qu'il se présente en personne. C'était cela, un mage : une personne qui sait tout avant tout le monde. Comme par magie...

— Gotoré m'a mis au courant avant de partir. J'attendais de voir la tournure prise par les événements avant de venir. Sois la bienvenue ici, Wolongo! Quoi, tu es surprise? Tu n'aimes pas ton prénom en langage nain? Wolongo... Ça veut dire *Fille de l'eau!* C'est une mauvaise blague, hein? Tu aurais préféré ne pas tomber...

Gaïg était stupéfaite. Elle contemplait WaNguira de ses yeux trop brillants, se demandant s'il plaisantait réellement, si c'était une simple coïncidence, si... si... si..., et elle éclata en sanglots, de gros sanglots lourds de toute la désespérance de la terre. La situation la dépassait : elle faisait de drôles de rêves, elle se déplaçait malgré elle sous terre, l'eau avait un esprit qui voulait l'emporter puis qui sympathisait avec elle, elle possédait une bague magique, des monstres si terrifiants qu'elle n'aurait même pas pu les inventer l'attaquaient, l'un d'eux l'avait même mordue, et..., et..., et ce Nain, oui, ce Nain tout noir avec son horrible visage tout couvert de poils frisés à reflets de feu, ses deux nattes emmêlées et son gros ventre, il avait l'air de trouver cela drôle. En plus, il avait le culot de l'appeler Wolongo, Fille de l'Eau.

Keyah et Afo s'étaient rapprochées et, assises de chaque côté de Gaïg, elles l'entouraient de leurs bras, sans un mot, simplement présentes. Afo lui frottait doucement le dos pendant que Keyah lui caressait tendrement les cheveux, mais ces gestes affectueux lui donnaient encore plus envie de pleurer. WaNguira ne disait rien, il se contentait d'observer « avec ses petits yeux de crabe », se dit Gaïg, qui finit par se calmer. Le contact des deux Naines la faisait fondre, tout en la rassurant. Cela dura un moment, jusqu'à ce qu'elle soit totalement apaisée.

Après coup, elle se trouva un peu ridicule. WaNguira, comme s'il avait déchiffré ses pensées – « Décidément, c'est une manie chez les Nains », pensa Gaïg – lui parla doucement.

— Tu as de la chance de pouvoir pleurer ainsi. J'aimerais bien pouvoir en faire autant, quand je trouve ma vie trop lourde.

Gaïg ne répondit pas : elle avait du mal à imaginer ce vieux Nain en train de pleurer. Pourtant, il avait peut-être des soucis, lui aussi... Elle bâilla, la main devant la bouche, et s'excusa.

— Je crois que j'ai encore sommeil...

Les trois adultes se consultèrent du regard. Gaïg s'était déjà endormie. WaNguira s'adressa à Afo et Keyah avec une voix grave qu'elles ne lui connaissaient pas.

— Il faut l'amener chez les Licornes.

Les deux sœurs se levèrent d'un même mouvement, l'air médusé, la bouche ouverte sur des paroles qui ne voulaient pas sortir.

— Et sans tarder. J'ai communiqué avec les Vodianoïs. Seules les Licornes peuvent la guérir. Mais il ne faut pas perdre de temps. Préparez-vous, lança-t-il en s'en allant.

17

Mukutu, après avoir inspecté rapidement l'éboulis, puis les alentours, dut se rendre à l'évidence : Nihassah n'était pas dans cette caverne.

— M'est avis qu'avec une jambe cassée, on n'peut pas aller très loin... Cherchons.

Perplexes et inquiets, les six Nains firent demi-tour et revinrent dans la caverne précédente. La même pensée leur était venue à l'esprit : les Hommes d'Aumal, communément appelés les Hommes creux.

Si les Nains étaient par excellence les enfants de la Terre, vivant en symbiose avec la pierre, ils n'étaient malheureusement pas les seuls. Les Hommes d'Aumal étaient aussi des créatures issues de la roche, des entités creuses qui en étaient nées, des corps caverneux qui n'avaient d'humain que la forme. Ils étaient vides, perceptibles seulement dans le roc par leur forme humaine, quand ils approchaient de la surface de celui-ci. La lumière leur était fatale, ce qui expliquait leur vie souterraine.

N'ayant aucune densité, aucune masse, ils se déplaçaient lentement, mais sans problème, à travers la roche la plus dure, n'existant que par leur forme, qui écartait la structure pierreuse pour se créer un espace. Les Hommes creux vivaient à l'intérieur de la pierre, et en sortir équivalait pour eux à la mort, puisqu'ils n'avaient plus rien pour contenir leur forme. Or les Nains, en creusant le sol comme ils le faisaient, mettaient leur existence en danger, en créant un vide qui leur était fatal.

Les connaissances sur eux se révélaient des plus réduites : on voyait leur forme dans le roc, mais toute communication était impossible. En revanche, on savait qu'ils capturaient les Nains, et même les êtres humains de la surface, endormis contre un rocher hospitalier. C'étaient eux qui lui donnaient cette forme accueillante, dans laquelle le voyageur fatigué allait se blottir, pris d'une irrésistible envie de dormir. S'il avait le malheur de se réveiller avant la fin de l'opération, il se découvrait à moitié enfoui dans la pierre, qui l'enveloppait comme une couverture, pour mieux l'avaler. Généralement, il assistait à sa propre mort, progressivement englouti par son linceul minéral. Le seul moyen pour lui de se sauver aurait été de casser la pierre dans son dos, afin que la créature, dépourvue de limite pour contenir sa forme, se vide de son intérieur, comme un humain se vide de son sang avant de trépasser. Mais qui le savait, à part les Nains, et quelques rares privilégiés? De plus, bouger pour se retourner quand on était prisonnier de la roche devenait impossible si on s'y prenait trop tard. D'où l'endormissement progressif auquel étaient sujets les prisonniers.

Les Nains, ayant compris que les Hommes creux d'Aumal étaient leur ennemi naturel, s'en méfiaient comme de la peste et avaient cherché la parade. Ils mettaient à dessein du bois dans leurs maisons souterraines, sous forme de poutres ou de cloisons, afin de ne pas se laisser prendre pendant leur sommeil. Les lits, toujours en bois, n'étaient jamais en contact avec les murs. Et Mama Mandombé, la Déesse Magnifique, leur Mère à tous, leur avait fait don du Cristal de Mwayé pour se protéger. Mwayé, la lumière.

Le Cristal, conservé dans l'obscurité, se chargeait de lumière intérieure qui jaillissait comme un éclair quand on le mettait en contact avec le Nyanga. Le Cristal de Mwayé, une des trois Terres singulières, était une arme redoutable contre les Hommes d'Aumal : la puissance de l'éclair était telle que la lumière pénétrait la roche et y voyageait sur une bonne distance avant d'être usée par le frottement. Les Hommes creux qui se trouvaient sur son trajet étaient littéralement désintégrés par la fulgurance lumineuse, et ils avaient appris à se défier des Nains. Ces derniers ne pouvaient utiliser le Cristal de Mwayé, excessivement destructeur, qu'en cas d'extrême urgence, quand la vie de l'un d'eux était en danger et qu'il n'y avait aucun autre recours possible. En cas d'utilisation inappropriée, l'éclair, au lieu d'aller s'éteindre dans les profondeurs du sol, était réfléchi par la pierre et détruisait l'utilisateur frivole. De plus, le Cristal de Mwayé ne pouvait être utilisé qu'une seule fois : il avait besoin de plusieurs siècles pour se régénérer.

Les Nains avaient compris sa valeur et le recherchaient avec passion. Vu le temps nécessaire à sa réactivation en lumière, on n'en aurait jamais trop, se disaient-ils. Mais les Terres singulières méritaient bien leur nom et étaient extrêmement rares.

* * *

— Là, sur le sol! s'écria Bassirou.

Ses compagnons accoururent.

— Les Hommes creux… laissa tomber Bandélé, qui sentait pour la première fois la très légère vibration du sol provoquée par les Hommes d'Aumal à l'œuvre.

Le corps de Nihassah, allongé sur le sol et englouti par la pierre, dépassait encore sur une petite épaisseur. Les Hommes creux avaient commencé leur travail en la tirant par le bas, puisqu'elle était couchée. La pierre lui recouvrait déjà complètement les parties les moins épaisses du corps, à savoir les chevilles, les jambes et les bras. Elle semblait inconsciente.

Babah jeta un coup d'œil interrogateur à Mukutu qui opina et consulta ses autres compagnons du regard. Tous avaient compris la question implicite et approuvèrent de la tête avec une gravité respectueuse. Les occasions d'utiliser le Cristal se présentaient rarement, et c'était aussi pour eux une opportunité de rendre hommage à Mama Mandombé, la Mère de tous les Nains. Ils se placèrent en cercle autour de Nihassah, émus et recueillis.

Mukutu, secrètement soulagé d'avoir emporté la Terre singulière, posa cérémonieusement son sac sur le sol, l'ouvrit et isola précautionneusement l'épais chiffon noir qui contenait le Cristal de Mwayé, sans le prendre. La puissance du rayon lumineux était telle qu'il ne fallait rien laisser au hasard, à commencer par l'orientation dudit rayon, qui partirait instantanément, en ligne droite, dans la direction opposée au Minerai sacré.

Mukutu ôta la bague de Nyanga qu'il portait à l'annulaire gauche et qui scintillait davantage que d'habitude, comme s'il était excité par la proximité du Cristal de Mwayé. Tenant le bijou de la main gauche, il dégagea le Cristal de sa gangue de toile de la main droite, et vint se placer au-dessus de Nihassah.

Les Nains retenaient leur respiration, sous l'emprise d'un bouleversement poignant qui les mettait en relation directe avec leur Mère à tous, leur Déesse Magnifique, Mama Mandombé, qu'ils aimaient et honoraient de tout leur cœur depuis des millénaires, et qui allait une fois de plus leur prouver son amour. Babah avait les yeux brillant de l'eau d'une émotion contenue, et on entendit Gotoré et Bassirou renifler discrètement.

Mukutu glissa le Cristal de Mwayé sous le Minerai sacré et les accola. Un éclair foudroyant jaillit, perçant brièvement les ténèbres alentour, et disparut dans le sol, entre les jambes de Nihassah. Il y eut un imperceptible tremblement dans les profondeurs de la terre, un frémissement léger qui dura quelques secondes, puis plus rien. Nihassah s'éveilla.

18

Afo et Keyah échangèrent un long regard, sidérées, avec les mêmes pensées défilant à la même vitesse dans leur cerveau. Les Licornes! De grands chevaux d'un blanc immaculé, avec une corne unique au milieu du front! Chez les Licornes, avait dit WaNguira! Mais où vivaient-elles? Dans quel pays lointain que l'on mettrait des mois à atteindre?

Un pays presque mythique, qui avait donné naissance à de drôles de légendes... Mais étaient-ce réellement des légendes? Et si c'était vrai? D'étranges histoires circulaient sur leur compte... WaNguira n'avait pas l'air de plaisanter. De plus, tous les éléments s'emboîtaient, puisque la principale légende entourant les Licornes racontait qu'elles pouvaient détecter les poisons et les guérir avec leur corne.

Les jumelles ne s'étaient jamais posé de questions sur les Licornes, leur mode de vie et leur pays. Leurs connaissances étaient superficielles et fragmentaires, les Licornes appartenant à un autre monde que le leur. Et voilà que WaNguira voulait les y amener. Quel long voyage en perspective...

Pour une fois, Keyah partageait le pessimisme de sa sœur : Gaïg aurait le temps de mourir. Dans son état, elle ne survivrait pas à un tel voyage. Peut-être qu'il suffisait d'attendre Nihassah et Mukutu? Ils sauraient guérir Gaïg, qui sait... De plus, que diraient-ils en arrivant, s'ils ne la trouvaient pas? Mukutu était le chef et il avait confié Gaïg à Keyah. De quel droit pouvait-elle partir comme cela, avec la petite protégée de Nihassah, même si c'était pour lui sauver la vie? Keyah se mordillait la lèvre inférieure, perplexe, prête à s'opposer au départ, quand Afo lui passa affectueusement le bras autour des épaules.

— WaNguira est notre grand prêtre, Keyah, et il a décidé. Nous n'avons pas le choix.

— Mais...

— Il n'y a pas de « mais », Keyah. Nous devons obéir. Et c'est sans doute ce qu'il y a de mieux pour Gaïg. Nous ne pouvons rien faire de plus pour elle. S'il y a un espoir de guérison chez les Licornes, allons-y.

Keyah ne répondit pas. Elle semblait de marbre. Afo jugea bon de prendre la direction des opérations.

— Je vais préparer nos affaires et chercher des vêtements de rechange pour Gaïg. Reste avec elle, explique-lui ce que nous avons l'intention de faire... et pourquoi.

Afo s'esquiva au moment où Gaïg se réveillait.

— Hé bien, petite princesse, dit Keyah d'un ton qu'elle voulait enjoué et dynamique, même si elle sentait son cœur enserré dans une poigne de fer, tu n'as pas fini de voyager! La morsure des Vodianoïs est venimeuse. Il faut extraire le poison de ton corps. Tu dois rendre visite aux grandes spécialistes du poison.

— Toute seule? fut l'interrogation angoissée de Gaïg, qui s'imaginait mal, une fois de plus, en promenade solitaire dans les cavernes.

— Bien sûr que non. Tu ne te débarrasseras pas de nous aussi facilement! Nous serons plusieurs à t'accompagner : il faut une suite pour une petite princesse!

Gaïg sourit, soulagée d'un poids énorme. Elle aurait préféré mourir sur place plutôt que repartir seule dans les souterrains.

— Si vous venez avec moi, je suis d'accord. Mais où irons-nous? Et Nihassah? Est-ce que c'est loin? Je pourrai marcher? Je suis si fatiguée... J'ai tout le temps sommeil. Quand est-ce que Nihassah revient?

Keyah sourit devant l'impétuosité brièvement retrouvée de Gaïg : elle comprenait pourquoi Nihassah s'était attachée à la fillette.

— C'est beaucoup de questions en même temps, petite Princesse. Par laquelle je commence?

— Nihassah?

— Elle n'est pas encore revenue. Mukutu, notre chef, celui qui t'a trouvée dans la galerie, est parti la chercher avec d'autres Nains. C'est son père. Tu as beaucoup dormi, mais la route est longue, jusqu'à la caverne de Nihassah. Deuxième question?

— Où allons-nous?

— Chez les grandes spécialistes du poison, je t'ai dit. Nous allons chez les Licornes.

Gaïg la regarda, ébahie, avec l'air de quelqu'un qui ne comprenait pas ce qu'on lui disait. Keyah s'approcha et lui saisit les deux mains.

— Hé bien, oui, chez les Licornes! Ces magnifiques chevaux blancs, avec une corne sur le front. C'est avec leur corne qu'elles te guériront, dit-elle en souriant pour la rassurer.

— Elles existent vraiment? Je croyais que c'était une légende... laissa échapper Gaïg, pensive.

— Elles existent tellement que WaNguira nous y conduit : je ne saurais pas comment y aller. Afo prépare nos affaires. Je change ton pansement et on y va.

Keyah prit le temps de brûler les compresses souillées, pleines de Glaise de Bakari, dans une bassine métallique : il ne fallait pas que le poison contamine le sol...

* * *

Afo arriva, peu après, en compagnie de WaNguira et de deux autres Nains : Témidayo et Mfuru[1], portant une civière. Si Témidayo était réputé pour son dynamisme et sa vivacité, Mfuru, la Tortue, était tenu à l'écart à cause de son manque de rapidité. La vitesse et la précipitation ne sont pas les qualités primordiales des Nains, mais Mfuru battait tous les records en matière de lenteur. Certains allaient même jusqu'à affirmer qu'il avait été si peu pressé de naître qu'il s'était attardé pendant quatorze mois dans le ventre de sa mère, au lieu des douze réglementaires! La naissance elle-même avait traîné en longueur, et la guérisseuse, perdant patience, avait fermement appuyé sur le ventre maternel,

1. Prononcer « M-Fourou ».

depuis les côtes jusqu'au pubis, afin de mettre au monde ce bébé nonchalant. Mfuru s'était laissé expulser du domaine maternel sans même se donner la peine de crier et s'était endormi au sein dès la première tétée. Macény, sa mère, avait appris la patience par la force des choses avec ce bébé trop tranquille, qui s'était révélé plus tard être un musicien hors pair.

En effet, seule la musique était capable d'accélérer le rythme de vie de Mfuru. La musique des Nains reposait essentiellement sur la voix et les percussions, le chant étant soutenu par le son du tambour se propageant de galerie en galerie et résonnant gravement, porté par l'écho, à une grande distance de son lieu d'émission. Les pierres vibraient alors d'une vie qui leur était propre, les colonnes, stalagmites et stalactites jouant le rôle de corde ou d'archet dans une caisse de résonance magistrale constituée par la succession des cavernes.

L'entrechoquement de paires de lames composées chacune de métaux différents s'ajoutait aux sons lourds des tambours pour donner des accents d'une légèreté aérienne à cette musique de création du monde. Elle était rendue vivante par des clappements de langue d'une puissance et d'une variété phénoménales, et par le claquement des mains l'une contre l'autre sur un rythme régulier, qui pouvait s'accélérer jusqu'à atteindre de vertigineux sommets avant de redescendre en un decrescendo cassant aux éclats brefs et secs, qu'on n'aurait jamais cru produits par des êtres de chair.

Mfuru maîtrisait ses bruits de langue à la perfection, ayant développé un appareil phonatoire peu commun, capable de produire des sonorités inattendues, mais s'insérant parfaitement dans la polyphonie ambiante. Il avait ajouté le claquement des doigts au frappement des mains, ce qui avait eu pour effet de l'alléger, jusqu'à abandonner son battement sec et rythmé, pour le remplacer par un crépitement igné, dans des solos troublants et enivrants dont il possédait le secret et qui transportaient ses compagnons dans un ailleurs musical et mystique, aux pieds mêmes de Mama Mandombé, leur Mère à tous.

Keyah reconnut la sagesse de WaNguira dans le choix de ses compagnons. En sus du goût bien connu des Licornes pour la musique, c'était une occasion de faire voyager Mfuru, qui se heurtait toujours à la réticence de ses frères en matière de voyages, rebutés qu'ils étaient par sa lenteur. Il était évident qu'avec Gaïg sur une civière, on n'irait pas vite de toute manière. Témidayo, vif et enjoué, enclin à plaisanter, constituait également un bon choix : sa force et sa vivacité seraient appréciées quand le besoin s'en ferait sentir, et son dynamisme contrebalancerait l'inertie de Mfuru.

Gaïg les regardait tour à tour, se demandant pourquoi les Nains se donnaient tout ce mal pour elle. WaNguira l'impressionnait toujours un peu, peut-être à cause de l'air solennel et imposant qu'il arborait à ce moment-là, « malgré ses petits yeux de crabe », pensa-t-elle, qui laissaient transparaître un peu de malice.

— Alors, prête, Wolongo? Keyah t'a dit que nous partons en voyage? demanda-t-il, le regard pétillant d'un savoir qui semblait l'amuser énormément, et dont Gaïg ignorait tout.

— Je ne suis pas sûre de pouvoir marcher, répondit Gaïg en hésitant. Pourquoi n'attendons-nous pas Nihassah?

— Tu penses que tu marcheras mieux avec sa jambe cassée pour t'aider?

Gaïg se mordit les lèvres de honte, se disant qu'elle devait lui sembler très sotte et un peu exigeante. Elle se tut, rendue une fois de plus au bord des larmes. Et cette envie de dormir qui la reprenait... C'est dans un état très proche du sommeil qu'elle entendit Témidayo lui parler.

— Si tu ne peux pas marcher, nous te porterons. Nous sommes venus pour ça, ne t'inquiète pas.

— Merci, vous êtes gentils, parvint-elle à articuler d'une voix pâteuse, avant de s'endormir de nouveau.

Afo et Keyah la placèrent sur la civière que portaient Témidayo et Mfuru.

— Elle ne sera pas bien embêtante, si elle est tout le temps comme ça, remarqua Témidayo, en poussant Mfuru en avant avec la civière pour lui donner le signal du départ.

Les Nains se mirent en marche, WaNguira et les jumelles en tête, suivis par les porteurs.

19

La pierre qui enserrait Nihassah avait été désintégrée par le rayon lumineux et était devenue du sable : la Naine se redressa. La douleur violente qu'elle ressentit immédiatement dans la jambe la ramena brutalement à la réalité de sa condition, et elle laissa échapper un gémissement.

— M'est avis qu'tu l'as échappé belle, ma fille, fut la première parole de Mukutu.

— Oui. Merci. Merci à tous, répondit-elle, épuisée. Merci à toi, Mama Mandombé, ajouta-t-elle avec ferveur. Quand j'ai vu que les Hommes creux se déplaçaient sur les parois de l'autre caverne, je me suis traînée ici pour leur échapper. Mais l'effort a été tel que je me suis évanouie, et ils en ont profité pour s'approcher par en dessous. Je ne pouvais pas flotter dans l'air, naturellement. C'était facile pour eux. Je me suis endormie, et voilà. Merci encore. Vous êtes venus vite. Et Gaïg?

— Elle est au village, l'informa Babah. Sacrée gamine...

— Mais toi, comment te sens-tu? demanda Bassirou, pressentant que le temps n'était pas encore venu de la mettre au courant de la morsure de la Vodianoï.

— J'ai mal, bien entendu. Gaïg a dû vous dire que ma jambe est cassée. Au début, j'ai pris les plantes que j'avais dans mon sac pour m'aider à tenir le coup en vous attendant. Elles étaient surtout prévues pour lutter contre l'épuisement de la marche. Mais une fois que je me suis rendu compte de la présence des Hommes d'Aumal, je n'ai pensé qu'à leur échapper. Si vous n'étiez pas arrivés... Et Gaïg, comment va-t-elle?

— Ils attendront un bon moment avant de revenir dans les parages, à présent, déclara Bassirou, têtu. Et si tu nous montrais cette jambe, qu'on voie ce qu'on peut faire?

Nihassah la leur indiqua du doigt, et Bandélé l'examina avec des précautions infinies.

— Fracture toute simple, précisa-t-elle. Mais fort ennuyeuse. Et ça fait mal… Gaïg s'est bien débrouillée, dans les souterrains?

— Oui… fracture toute simple, dont nous allons nous occuper immédiatement, fut la réponse de Bassirou, énoncée d'un ton laconique.

Mukutu tendit à Nihassah une préparation liquide.

— Tiens, bois. Ça endormira un peu la douleur. M'est avis qu'ça t'endormira aussi, c'qui vaut peut-être mieux, d'ailleurs...

Nihassah but avidement le contenu de la gourde, et s'endormit peu après. Avec une dextérité qui montrait une longue habitude de la médecine, Mukutu, issu d'une longue lignée de guérisseurs, remit délicatement l'os en place et fixa les attelles sur la jambe afin d'empêcher tout mouvement. Nihassah, bien que dormant toujours, gémissait dans son sommeil.

— Nous attendrons qu'elle s'réveille pour r'partir. M'est avis q'nous avons b'soin de r'pos, nous aussi.

Les Nains approuvèrent cette sage décision de leur chef et s'installèrent pour manger et dormir. Les dernières heures avaient été fertiles en émotion, et la découverte de Nihassah prisonnière de la roche les avait bouleversés. Il s'en était fallu de peu qu'elle ne mourût.

— C'est quand même extraordinaire, la puissance conjuguée du Nyanga et du Cristal de Mwayé, déclara Bandélé, encore ému. Vous avez senti la vibration du sol avant que la lumière ne s'use?

— Hum! on l'a même sentie avant, quand les Hommes creux s'affairaient là-dessous... rétorqua Babah.

— Sont bizarres, quand même, ces créatures. Elles ont toujours habité dans ces grottes? demanda Toriki.

— Toujours, je n'en sais rien. Mais elles étaient là avant moi, et ça fait un moment que j'y suis, je peux te l'assurer. Je suis le plus vieux de vous tous ici, non? Donc le plus sage, plaisanta Babah, afin d'alléger un peu l'atmosphère.

— Sal'tés d'créatures. M'est avis qu'ça d'vrait déménager d'ici, maugréa Mukutu, visiblement peu enclin à plaisanter.

Il avait le visage soucieux. D'abord les Vodianoïs, ensuite les Hommes d'Aumal. Il estimait que cette accumulation ne présageait rien de bon. Les temps changeaient. À croire qu'Idourou les poursuivait... Pourtant, Mama Mandombé, leur Déesse Magnifique, les protégeait des maléfices du diable, Idourou, celui dont il valait mieux ne même pas prononcer le nom. En tant que chef du village, il jugeait qu'il était de son devoir d'anticiper, de prévoir, afin de parer à toute éventualité. Mais tout arrivait tellement vite! Mukutu fit une brève prière dans sa tête pour conjurer le mauvais sort, en appelant la protection de Mama Mandombé sur Son peuple.

Et Nihassah, avec sa jambe cassée, qu'il faudrait transporter... Heureusement qu'ils étaient six, ils pourraient se relayer : elle n'était pas bien lourde, deux personnes suffiraient à la porter. Il se leva :

— J'vais quand même fermer la « porte » d'la pièce... Dire qu'on l'avait taillée avec elle, cette pierre ponce... Tu t'souviens, Babah? Il avait fallu la transporter, et chaque fois qu'elle n'passait pas dans un'galerie, fallait en enl'ver un bout. On croyait qu'il n'en rest'rait plus assez.

Il replaça soigneusement la pierre ponce de Nihassah afin d'obturer l'entrée de la caverne, un léger sourire aux lèvres, parce que satisfait d'avoir effectué les prévisions adéquates.

— M'est avis qu'on f'rait mieux d'dormir, maintenant, maugréa-t-il. Enfin, moi, c'est c'que j'vais faire.

Les autres Nains acquiescèrent et se préparèrent pour un sommeil réparateur. Ils savaient qu'après l'utilisation du Nyanga et du Cristal de Mwayé, ils n'auraient rien à craindre des Hommes creux pendant un moment. La route du lendemain serait longue et difficile, avec Nihassah qu'il faudrait manipuler avec précaution. Ils mettraient plus de temps au retour qu'à l'aller, mais n'étant pas d'un naturel impatient, cela ne leur posait pas de problème.

* * *

La « nuit » se passa sans problème, et Nihassah fut la première à se réveiller. Elle demeura silencieuse, songeant dans le noir.

Sa jambe ne la faisait presque pas souffrir, mais elle savait que la douleur réapparaîtrait sous peu. C'était comme si elle dormait encore, elle aussi. Heureusement que Mukutu avait prévu des plantes. Mais que se passait-il avec Gaïg? Avec une intuition toute féminine, Nihassah pressentait quelque chose. Est-ce que Gaïg était blessée? S'était-elle fait attaquer par les Hommes creux, elle aussi? Pourtant, si Mukutu et les autres étaient là, c'était bien que Gaïg ne s'était pas perdue et qu'elle avait réussi à atteindre le village. Néanmoins, elle pressentait quelque chose d'anormal, pour que les autres gardent ainsi le silence et éludent ses questions.

Nihassah s'agita, tant sous l'emprise de l'anxiété que de la douleur, qui se manifestait maintenant par des élancements dans la jambe malade. Elle laissa échapper un soupir, et Bandélé, qui ne dormait pas très loin, bougea dans son sommeil. Nihassah ne voulait pas réveiller ses compagnons, ils auraient déjà assez de mal comme cela à devoir la transporter sur une civière.

Quelle frousse elle avait eue, la veille, quand elle avait vu la première silhouette d'Homme creux se découpant sur la muraille. Elle avait dû faire appel à toute sa volonté pour se traîner dans la deuxième caverne, histoire de gagner du temps. Dans son état, elle savait qu'elle pourrait difficilement leur échapper, et que sa seule chance de salut résidait dans l'arrivée de ses amis, à condition bien sûr que Gaïg ait pu rejoindre le village.

Bandélé bougea encore, il devait rêver, songea Nihassah. Elle avait toujours éprouvé une amitié particulière pour lui, peut-être parce qu'ils étaient nés le même jour. Ils avaient été élevés ensemble pour ainsi dire : Nihassah avait perdu sa mère, Batuuli[1], à la naissance, et c'était celle de Bandélé, Matilah, qui avait pris la relève, pendant que Mukutu s'enfonçait dans le chagrin du deuil. Bandélé avait été comme un frère pour elle, un frère aîné, arguait-il, étant né quelques heures avant elle.

Les compagnons de Nihassah s'éveillèrent peu après, presque en même temps, comme si le signal du départ avait été donné dans leur

1. Prononcer « Batou-Ouli »

sommeil. Peu causants de nature, les Nains étaient absolument silencieux dans les instants qui suivaient leur réveil : ils avaient besoin de se mettre en train pour affronter la journée qui s'annonçait. Ils se préparèrent sans un mot, installèrent délicatement Nihassah sur la civière et se mirent en route, Bandélé et Toriki faisant office de porteurs.

20

Keyah fut la première à s'étonner de la direction que prenait WaNguira : il s'enfonçait dans les montagnes au lieu d'emprunter les galeries qui les conduiraient à l'extérieur. Pourtant, leur guide avait l'air de savoir où il allait et avançait d'un pas décidé. Afo et Keyah suivaient, et Mfuru n'avait pas le choix de son rythme de marche, poussé qu'il était par Témidayo, à l'autre bout de la civière sur laquelle reposait Gaïg. Quand il ralentissait, Témidayo lançait deux ou trois clappements de langue rythmés, Mfuru enchaînait sans même s'en rendre compte, et accélérait le pas, porté par sa propre musique.

Les Nains posaient rarement des questions à WaNguira, leur grand prêtre, comprenant qu'il était tenu par le secret sur de multiples sujets, mais Keyah, n'y résistant plus, l'interrogea sur leur direction :

— Pourquoi allons-nous par là, WaNguira? Nous nous enfonçons sous la montagne. C'est la galerie de Ngondé. Où vivent les Licornes?

— Elles vivent dans la forêt de Nsaï. Nous devons traverser la montagne pour arriver chez elles

Keyah était étonnée : elle avait cru que ce serait beaucoup plus loin.

— Ce n'est pas si loin que ça... Elles vivent réellement là?

— À moins qu'elles n'aient déménagé... Mais ça ne doit pas être facile de transporter des chênes plus que centenaires avec des Dryades en colère parce qu'on déracine leur maison...

— Des Dryades? interrogea Afo, curieuse.

— Oui, elles se sont installées là depuis la germination des premiers glands sur terre et elles n'en sont jamais parties. Elles continuent à planter des chênes, et Nsaï est la seule forêt du monde qui s'agrandit, au lieu de diminuer sous l'action des hommes. Il est vrai qu'elle est difficilement accessible, enserrée comme elle l'est entre les montagnes de Sangoulé et nos monts d'Oko. La légende veut que les montagnes s'écartent pour lui laisser place.

— Nous y avons cherché des champignons autrefois, quand nous habitions encore au village de Ngondé, se souvint Keyah.

— De l'extérieur, la forêt de Nsaï ressemble à n'importe quelle autre, répondit WaNguira. Les Nains ont l'autorisation d'y récolter de quoi manger, à condition de ne pas accomplir d'actes de vandalisme, comme casser des branches, cueillir des fruits verts ou y allumer un feu. Ils ne peuvent pas y chasser non plus. Plus on s'enfonce dans la forêt, plus les chênes prédominent et plus il devient difficile de progresser. Les branches, les racines, les feuilles, les lianes, tout cela forme un entrelacs végétal impénétrable, qui protège son cœur. On peut y tourner pendant des jours et des jours, tout en restant à la périphérie : il y a un charme qui dissimule son centre aux yeux du profane, la Clairière sacrée de Mukessemanda, Celle-où-tout-se-décide. Tout étranger est soumis au bon vouloir des Dryades ou des Licornes pour pénétrer dans la partie enchantée de la forêt.

Tout le monde écoutait WaNguira avec attention, y compris Gaïg qui s'était réveillée. La forêt de Nsaï était connue de tous, mais ils ignoraient ce qu'elle recelait et prêtaient l'oreille avec étonnement à l'enseignement de WaNguira, qui continua.

— Chaque Dryade a son chêne, et sa vie est liée à celle de son arbre. Quand ce dernier meurt, la Dryade meurt, elle aussi. Et inversement. Mais les chênes sont protégés de la mort par le charme qui encercle cette partie de la forêt. Certains sont très très anciens. En vieillissant, ils prennent un aspect humain, et on prétend qu'ils peuvent se déplacer. Lentement, bien sûr..., ajouta-t-il, songeur. Les arbres les plus âgés se trouvent à la périphérie et ils protègent la Clairière de Mukessemanda. Les Dryades continuent à y planter des glands, qui germent et donnent des chênes, ce qui explique l'agrandissement de la forêt. Mais elle croît de l'intérieur. C'est pourquoi la légende dit que les montagnes de Sangoulé et les monts d'Oko s'éloignent l'un de l'autre.

Gaïg luttait contre le sommeil. Elle trouvait passionnantes les explications de WaNguira et, couchée sur sa civière, elle se laissait aller à imaginer un monde d'eau et de bois. Elle ne pouvait oublier l'eau, la mer, et murènes et Dryades se mélangèrent dans un rêve à moitié éveillé jusqu'à devenir des sirènes. Afo et Keyah, subjuguées, se tenaient par le bras, la largeur de la galerie leur permettant d'avancer de front.

— Tu as déjà vu une Dryade? demanda Afo, rêveuse.

— Il est quasi impossible d'en voir une si elle veut se cacher, tellement elle fait corps avec la végétation, répondit WaNguira, éludant la question. Elles sont très jolies, assez fines, pas très grandes : on dirait des poupées. Leurs habits sont en harmonie avec les tons de la forêt et leur peau prend la couleur du tronc ou des feuilles selon leur position : elles peuvent rester immobiles de longs moments, si c'est nécessaire. Mais elles sont capables de réagir très rapidement si on attaque leur chêne : ce sont des tireuses à l'arc émérites, et malgré leur petite taille, il ne fait pas bon les mettre en colère. Elles détestent le feu, à cause du danger qu'il représente pour leurs chers arbres, et la moindre fumée les met en effervescence. Il paraît qu'elles n'ont pas de mémoire… En revanche, leurs chênes en ont pour deux…

— Et les Licornes? interrogea Keyah.

— Elles vivent avec les Dryades, dans la forêt, et sont concentrées autour de la Clairière de Mukessemanda. La Reine des Licornes s'appelle TsohaNoaï, ce qui signifie *Soleil*. Son époux est WakanTanka, le Dieu Suprême. Les Licornes sont éternelles et elles sont toutes les descendantes de WakanTanka et de TsohaNoaï. Les femelles sont les plus nombreuses : leur robe est d'un beau blanc uniforme, sans la moindre tache, alors que les mâles sont bruns, noirs ou bais. Elles se reproduisent très peu… À peine une tous les millénaires, paraît-il

« La corne des femelles est torsadée et celle des mâles est lisse. C'est avec cette corne qu'elles détectent les poisons et les absorbent, sans en être affectées. Elles guérissent certaines maladies, ce qui explique que les hommes les chassent, pour récupérer leur corne qu'ils réduisent en poudre et vendent très cher. Ce qui est idiot : il suffit de leur demander, elles ne refusent jamais de guérir un malade. C'est leur raison d'être sur terre, et il n'est pas besoin de les tuer pour profiter de leur faculté de guérison. Néanmoins, il n'est pas facile de les approcher, parce que les Dryades les protègent. »

WaNguira se tut et continua à marcher, perdu dans ses pensées. Ses compagnons suivaient, silencieux et charmés. Comme le monde était riche de choses inconnues! « Qu'est-ce qui existe encore, en dehors du monde souterrain des Nains? » se demandait Afo, songeuse. Tant de choses qui semblaient appartenir à la légende se révélaient vraies : peut-être que c'était une façon pour elles de se protéger...

— Nous passerons d'abord au village de Ngondé, murmura WaNguira, comme pour lui-même.

Les Nains continuaient à avancer, couvrant d'un pas régulier une grande distance. Ils rêvaient à l'extérieur, ce dehors qu'ils n'aimaient généralement pas lorsque peuplé, bruyant et lumineux, mais qui les attirait quand il s'agissait de forêts enchantées habitées par des êtres merveilleux. Mfuru ne disait rien, concentré sur son allure et son désir de ne pas retarder ses compagnons, perdu dans un récital intérieur de percussions. Quand il ralentissait, de façon totalement inconsciente, Témidayo le poussait malgré lui, entonnait un air de musique, lançait quelques rapides clappements de langue, et Mfuru, se laissant entraîner, reprenait le rythme commun. Cependant, la monotonie de la marche aidant, il ralentissait de plus en plus souvent. WaNguira s'en rendit compte, et proposa une pause.

— Cela fait longtemps que nous cheminons. Nous pouvons nous restaurer un peu et faire un petit somme.

Gaïg, qui dormait, se réveilla au contact du sol, qu'elle trouva dur et froid après le balancement de la randonnée. Keyah lui servit une soupe froide. Elle la remercia, elle n'avait pas très envie de parler, un peu confuse du mal qu'elle donnait aux Nains. Pourquoi faisaient-ils cela? Et qui était WaNguira en réalité? Il avait l'air de connaître beaucoup de choses... Les autres le traitaient avec déférence, ce qui ne l'étonnait guère : il émanait de lui une puissance qu'elle n'arrivait pas à cerner. Mais comment pouvait-il savoir autant de choses sur des êtres aussi mystérieux que les Dryades et les Licornes?

Comme chaque fois qu'elle essayait de réfléchir, Gaïg se sentait envahie par l'envie de dormir. Elle se tenait beaucoup plus longtemps éveillée si elle se contentait de suivre la conversation autour d'elle, sans se poser des questions pour lesquelles elle n'avait de toute façon pas de réponse. Elle décida de se laisser aller au sommeil une fois de plus, c'était plus fort qu'elle.

Les Nains mangèrent silencieusement et s'allongèrent un moment. Mfuru, rêveur, n'avait encore rien avalé.

— Mais pourquoi passons-nous par Ngondé? demanda Keyah à WaNguira. Ce n'est pas le plus court chemin pour se rendre à la forêt de Nsaï...

— Les Licornes aiment la pureté et sont les amies des jeunes filles. Nous y prendrons Dikélédi, la fille de Doumyo et Mvoulou : c'est elle qui accompagnera Wolongo. Il y a peu de chances que nous puissions tous pénétrer dans la forêt sacrée.

— Peut-être qu'il faut les prévenir, alors, conclut Afo, avec son esprit pratique. Je peux prendre les devants, si tu veux…

— C'est déjà fait. J'ai envoyé Mdé, notre messager. Il est parti avant nous et il doit déjà y être, dit WaNguira. Merci, Afo. J'ai aussi chargé Matilah de tout expliquer à Mukutu, Nihassah et les autres, quand ils arriveront.

Le silence régna. Les Nains étaient ébahis par la facilité et la maîtrise avec lesquelles WaNguira prenait les choses en main : il pensait à tout. Ils s'assoupirent, rassurés, pendant que Mfuru entamait son repas. Il mangeait lentement et, porté par l'exemple de ses compagnons, il finit par s'endormir à côté de sa nourriture.

Gaïg se réveilla en sursaut, l'esprit un peu embrumé par un rêve dont elle n'arrivait pas à se souvenir, et voyant tout le monde endormi, n'osa pas faire de bruit. Elle décida d'essayer de marcher un peu et se leva, les jambes tremblantes. Elle réussit à tenir debout et fit quelques pas, pensant rester dans les environs. Mais une lueur toute proche attira son attention et éveilla sa curiosité. Comme c'était étrange, ce voyage souterrain sur une civière portée par des Nains... Et voilà que maintenant, elle pouvait marcher. Elle avait la sensation d'évoluer dans un songe... Autant aller voir ce qu'était cette lumière, qui l'intriguait un peu.

Gaïg avait l'impression que la lueur reculait au fur et à mesure qu'elle progressait, mais elle ne pouvait trop se fier à ses sens. Elle continua d'avancer, guidée par la lueur, et quand elle fut certaine qu'elle se déplaçait, comme portée par un Nain, elle arriva dans une caverne, baignant dans une pénombre relativement claire.

Ce qu'elle vit la figea sur place.

21

Le voyage de retour se déroula calmement. Les Nains parlaient peu, noyés dans leurs pensées. Bandélé et Toriki faisaient de leur mieux pour ne pas trop secouer Nihassah, qui ne dormait pas. Elle s'était fait un oreiller de son sac, afin d'avoir une vision approximative de la route. Mukutu et Babah allaient en tête, et Bassirou et Gotoré fermaient la marche.

De temps en temps, un des Nains s'enquérait de son état, son père lui donnait une boisson ou une plante dont la sève endormait la douleur à mâchouiller. Les porteurs se relayaient régulièrement : non que Nihassah fût lourde, puisqu'elle aurait pu avoir les mêmes porteurs d'un bout à l'autre du trajet si la situation l'avait exigé. Mais les Nains étaient prévoyants et économes : pourquoi gaspiller les forces de deux individus, alors qu'il pouvait en être autrement en se relayant?

La descente de l'escalier du lac de Fary, dont le petit derrière de Gaïg avait gardé un cuisant souvenir, se révéla quelque peu périlleuse pour Nihassah, puisque la civière était en permanence inclinée vers le bas. Babah, qui était porteur de tête à ce moment-là, décida donc de poser les brancards sur ses épaules et les tint de chaque côté de son cou. Mukutu, qui soutenait l'arrière, garda, lui, les bras tendus, afin de diminuer au maximum l'inclinaison de la civière. Pendant ce temps, Nihassah, peu rassurée, s'accrochait.

— M'est avis qu'si on tombe, on s'écrase, grommela Mukutu, en se concentrant pour chercher du pied la marche suivante.

— Oui, et les premiers ne seront pas assez épais pour faire un matelas aux suivants, ajouta Babah, qui se voulait drôle, mais dont la remarque tomba à plat.

Passé la période d'adaptation du début, la descente se poursuivit, lentement, mais d'un pas plus assuré, les Nains n'étant pas sujets au vertige. Une fois au pied de l'escalier, ils reprirent leur cheminement, pressés qu'ils étaient d'arriver. C'était au tour de Bassirou et de Gotoré de porter la civière.

Nihassah, n'y tenant plus, rompit le silence.

— Et Gaïg, comment ça s'est passé? Elle a eu le temps de vous raconter un peu son périple souterrain? C'était la première fois pour elle, vous savez. Elle a du mérite. J'ai senti qu'elle avait très peur. Elle aurait préféré creuser sous l'éboulement. Mais ce n'était pas la bonne solution...

Personne ne répondit, chacun comptant sur un autre pour se faire le porteur de la mauvaise nouvelle et, à la fin, tous les regards convergèrent vers Mukutu. Ce dernier toussa, grommela, toussa de nouveau, fit semblant d'avoir quelque chose à cracher, se moucha, et se concentra sur le sol devant lui, considérant avec attention l'endroit où il posait les pieds, comme s'il marchait sur des œufs. Nihassah vit Babah lui lancer un coup de coude dans les côtes, en lui jetant un coup d'œil de côté.

— S'il est arrivé quelque chose, vous feriez aussi bien de me le dire, au lieu d'arborer ces airs de conspirateurs maladroits, jeta-t-elle avec une pointe de provocation. Vous êtes tous nuls pour ce genre de secrets. Alors, que s'est-il passé? Que le plus brave ait le courage de parler.

Vexés, les Nains regardèrent Mukutu, qui ne pouvait plus se dérober.

— Inutile de tousser ou de cracher, tu n'as rien dans la gorge. Et tu ne vas pas tomber, le sol est plat. Alors? interrogea Nihassah, qui sentait monter l'anxiété dans son cœur.

— Hum... Hem... Heu... M'est avis qu'les Vodianoïs sont de r'tour, laissa tomber Mukutu, acculé.

S'appuyant sur les coudes, Nihassah se redressa, atterrée.

— Ça veut dire quoi, ça? Mais parle, enfin! Elle a été mordue? C'est ça?

— M'est avis qu'oui..., murmura Mukutu.

Nihassah, dont on devinait le visage blême dans la pénombre, s'enquit d'une voix inaudible : « Et elle est...? » sans pouvoir terminer sa phrase.

La réponse étant plutôt positive après la nouvelle précédente que personne ne voulait annoncer, les six Nains retrouvèrent l'usage de la parole pour répondre d'une seule voix : « Non, non, elle est vivante. »

Nihassah se laissa tomber sur la civière, une angoisse épouvantable lui étreignant le cœur. Son visage fut bientôt inondé de larmes qu'elle ne pouvait contenir. Gaïg allait mourir. À cause d'elle. Gaïg, sa précieuse petite princesse, allait disparaître. Toutes ces années n'auraient donc servi à rien...

Babah fut le premier à réagir devant ce chagrin d'autant plus fort qu'il était muet.

— Puisqu'on te dit qu'elle est vivante. Quand on a quitté Jomo, elle vivait. C'est elle qui nous a dit où te trouver. C'est bien la preuve qu'elle est vivante, non, si on est venu te chercher? On l'a confiée à Keyah et Afo. Elles la soignent.

— On pourrait aller plus vite, s'il vous plaît? Je ne suis pas en cristal, je ne vais pas me casser. Il nous faut arriver au village.

Sans un mot, les Nains accélérèrent le pas. Ils maintinrent leur rythme soutenu jusqu'au lac de Fikayo alors que Nihassah restait silencieuse sur sa couche.

Arrivés sur place, ils durent s'organiser différemment pour la traversée, deux Nains ne pouvant tenir avec la civière sur un même rocher. Bassirou et Gotoré installèrent des planches afin de relier tous les rochers entre eux, et Toriki et Bandélé traversèrent le lac d'une traite avec Nihassah allongée entre les brancards.

À l'entrée du tunnel qui conduisait au village de Jomo, Matilah les attendait.

— Je me doutais que vous ne tarderiez pas. Cela ne fait pas longtemps que je suis là, je viens d'arriver. Vous avez fait vite. Je m'apprêtais à attendre plus longtemps que ça... Comment ça va, Nihassah? s'enquit-elle avec une intonation pleine d'inquiétude.

— Ça va, merci. Et Gaïg?

— Ils ne t'ont pas dit? demanda Matilah.

— Si, si, je sais qu'elle a été mordue. Mais comment va-t-elle? Est-ce qu'elle est...?

— Mais non, elle n'est pas… comme tu dis si bien ! Elle est vivante. Mais pas guérie.

Nihassah laissa échapper un soupir de soulagement, tandis que Matilah continuait :

— WaNguira est parti avec elle : seules les Licornes peuvent la guérir.

Puis, voyant la mine de Nihassah, et comprenant ce qu'elle mijotait, elle enchaîna :

— Et tu ne vas pas les suivre! Comment crois-tu pouvoir l'aider dans ton état? J'interdirai à quiconque de te transporter sur une civière. Tu resteras te soigner à Jomo. Wolongo est en sécurité avec WaNguira, Afo et Keyah, Mfuru et Témidayo. Au moment où je te parle, ils doivent être arrivés à Ngondé depuis longtemps. Ils y récupèrent Dikélédi avant de continuer vers la forêt de Nsaï. Je t'assure que tu ne bougeras pas de Jomo tant que ta jambe ne sera pas en parfait état de marche. Réfléchis un peu! Serais-tu un secours pour eux, ou un poids mort?

Ce dernier argument eut raison de Nihassah, qui dut se rendre à l'évidence : quelle aide pouvait-elle apporter à Gaïg, avec une jambe cassée? « Gaïg, ma petite Gaïg, je ne veux pas que tu meures. Pas comme ça. Pas à cause de moi. Ma princesse. »

Elle éclata en sanglots.

22

Gaïg ne pouvait détacher ses yeux du spectacle qui s'offrait à elle. La pénombre s'était épaissie dans la caverne, comme pour mettre en relief ce qu'elle voyait sur sa droite, qui semblait par contraste parfaitement éclairé : un Nain, pour le moins inhabituel avec sa peau claire et ses cheveux frisés d'un blond presque blanc, encore jeune, était assis sur une plate-forme couverte d'une multitude de différentes pierres, en haut d'un escalier qui n'allait apparemment pas plus loin. Au fond de la plate-forme, sculptée dans un rocher, une statue représentait une Naine en taille réelle, avec cinq Nains adultes, mais de taille inférieure, s'accrochant à sa ceinture.

Gaïg se souvenait du rêve qu'elle avait fait après avoir visité les grottes de Nihassah et était pétrifiée d'étonnement. Mais elle ne ressentait aucune peur. Sa bague brillait de mille feux dans la pénombre, tour à tour s'élargissant et rétrécissant, comme si elle vivait.

Gaïg se dirigea malgré elle vers l'escalier, comme attirée par un aimant, et commença à le gravir. Arrivée sur la plate-forme, elle se rendit compte que la statue lui parlait dans une langue qu'elle ne comprenait pas. Comme dans son rêve... La statue s'adressa alors au Nain blanc qui saisit une petite pierre opalescente d'un ovale parfait, et la lui tendit. Une fois qu'elle l'eut en main, Gaïg sentit son esprit se modifier. Elle n'aurait pu expliquer ce qui se passait, elle n'était plus la même, c'est tout.

— Wolongo. Wolongo, Filledel'Eau. Voici-laPierredesVoyages. Pourtonpeuple etpour-MonPeuple.

La statue se tut et redevint rocher. Le Nain blanc se leva et descendit l'escalier. Gaïg voulut le suivre mais il disparut, absorbé par l'obscurité. Elle se heurta alors à WaNguira, qui se trouvait à l'entrée de la galerie. Il contemplait Gaïg avec respect et admiration, le visage plein d'émotion.

— C'est Mama Mandombé qui t'est apparue, Wolongo. C'est notre déesse à tous, la Mère de tous les Nains. Tu as de la chance. C'est un grand honneur pour toi.

Gaïg regardait WaNguira, l'air interrogateur. Elle aurait voulu en savoir davantage, tant de questions se pressaient dans sa tête...

— Tu l'as vue, toi aussi? Je n'ai pas rêvé, alors. Mais c'était comme dans mon rêve...

— Mama Mandombé n'apparaît jamais à une seule personne à la fois, pour qu'il n'y ait aucun doute sur ses manifestations.

— Elle m'a donné ça, dit-elle en montrant la pierre. Elle l'a appelée la Pierre des voyages...

— C'est de l'Akil minéral, Wolongo, une des trois Terres singulières. C'est très rare. L'Akil minéral peut capter une propriété intelligente et la partager avec celui qui la possède. La Pierre des voyages, par exemple, permet de comprendre les langues des différents peuples et de communiquer avec eux. Mama Mandombé s'est adressée à toi en baalâå, le langage sacré des Nains. Tu l'as comprise à partir du moment où tu as eu la pierre en main. C'est un très beau cadeau, Wolongo. Ça veut sans doute dire que tu es appelée à voyager. Je te ferai un collier pour que tu puisses la porter autour du cou.

— Elle m'a dit : « Pourtonpeuple, etpourMonPeuple ». Je ne sais même pas d'où je viens, à quel peuple j'appartiens..., émit Gaïg d'une voix étranglée.

— Mama Mandombé le sait, elle, et tu le sauras aussi, Wolongo, quand le temps sera venu.

— Mais Son peuple, ce sont les Nains, n'est-ce pas?

— Les cinq Nains que tu as vus, accrochés à sa ceinture, sont ses cinq enfants, à l'origine des cinq grandes familles de Nains sur la terre. Il y a les Affés, les Kikongos, les Gnahorés, les Pongwas et les Lisimbahs. Il n'y a plus de Kikongos, malheureusement... Nous appartenons à la famille des Lisimbahs.

— Nihassah aussi?

— Oui, et Keyah, et Afo, et presque tous ceux du village.

— Et qui est ce Nain blanc, avec elle?

— C'est Sha Bin. Il a prédit qu'une descendante de Yémanjah allait mettre au monde une fille pour guider les Nains au moment du Grand Exode. Les Nains devront s'installer là où l'élue, descendante de Yémanjah, conduira la fille de toutes les Dryades. Sha Bin est toujours présent quand il s'agit de la prophétie.

— Qui est Yémanjah? demanda Gaïg, avec une voix un peu lente, annonciatrice de sommeil.

— En baalââ, Yémanjah signifie *Mère-dont-les-enfants-sont-des-poissons*. Elle est la fille de Mama Mandombé et de son frère, Olokun, qui est l'Esprit de l'Eau chez les Nains.

Gaïg bâilla malgré elle. Elle avait peine à garder les yeux ouverts. La conversation de WaNguira la passionnait, une multitude de questions se pressaient dans sa tête, mais l'envie de dormir était incoercible. WaNguira s'en aperçut.

— Tu devrais te reposer maintenant. Mama Mandombé t'a insufflé un peu d'énergie parce qu'elle avait un message à te transmettre, mais tu es toujours sous l'emprise du venin des Vodianoïs. Viens.

Ils se dirigèrent vers l'endroit où ils avaient laissé leurs compagnons, qui se réveillèrent tous à leur arrivée, à l'exception de Mfuru.

— C'est curieux, dit Keyah, j'ai l'impression d'avoir dormi profondément, d'un sommeil sans rêves.

— Moi aussi, répondit Afo. Je n'ai aucun souvenir du moment où je me suis endormie. Ça m'est tombé dessus comme la misère sur les malheureux. Mais nous pouvons continuer, maintenant.

C'est à ce moment qu'elles aperçurent Gaïg.

— Tu es debout? Tu marches? s'écria Keyah, interloquée.

— Oui, mais je me couche maintenant, plaisanta Gaïg, facétieuse.

Elle s'installa sur sa civière, la Pierre des voyages fermement serrée dans son poing. La gemme possédait un poids surprenant pour sa modeste taille et dégageait une tendre fraîcheur. Elle semblait s'iriser de reflets mauves quand Gaïg la tenait dans la main qui portait la bague. « Je ne suis pas une Naine, mais j'ai une bague en Nyanga, donnée par la Reine des Murènes et une pierre en Akil minéral, donnée par Mama Mandombé, la Reine des Nains. Comme c'est étrange! Mais ce n'est pas déplaisant... »pensa Gaïg en s'endormant, apaisée et sereine.

Les Nains, après avoir secoué Mfuru pour le réveiller, se mirent en route immédiatement, désireux d'arriver à Ngondé, puis à la forêt de Nsaï.

— Pourquoi devons-nous prendre Dikélédi? demanda Afo à WaNguira. Il y a des jeunes filles aussi, à Jomo, qui auraient pu accompagner Gaïg...

— Doumyo a donné naissance à Dikélédi dans la forêt de Nsaï. Les Dryades l'ont aidée à la mettre au monde, assistées de quelques Licornes, expliqua WaNguira. Dikélédi est devenue leur petite protégée, en quelque sorte, et elle communique facilement avec elles. Elle nous sera d'une grande aide, je pense.

Afo pris conscience que c'était un des voyages les plus intéressants qu'elle avait jamais faits, et qu'elle passait de surprise en étonnement, apprenant beaucoup de choses à la fois.

Les Nains continuèrent leur cheminement régulier, Gaïg dormant sur sa civière, comme assommée par sa vision, son petit poing solidement fermé contre sa poitrine. Les galeries succédaient aux tunnels et aux cavernes, dans un univers d'ocre et de marron, avec parfois une traînée d'argile rouge ou blanche. Le contraste entre leur univers souterrain, baignant dans une pénombre perpétuelle, et ce qu'ils trouveraient au dehors n'effrayaient nullement les compagnons de Gaïg : la forêt de Nsaï n'était pas une forêt ordinaire, elle était enchantée et donnait asile à des créatures merveilleuses. Tout Nain porte en lui une attirance pour la nature, surtout celle du début de la Création, et les Licornes, les Dryades et leurs arbres séculaires renvoyaient Afo, Keyah et leurs semblables à cette époque-là.

— Nous approchons, fut la seule parole de WaNguira quand il perçut la lueur des habitations de Ngondé au tournant d'une galerie.

À l'entrée du village se trouvaient Mdé, Dikélédi et ses parents, assis à même le sol, les attendant en compagnie d'Awah, la dirigeante du village de Ngondé.

23

Gaïg se réveilla comme ils arrivaient, la main engourdie d'avoir tant serré son précieux caillou. Elle était au courant de ce qui se passait par les bribes de conversations captées lors de ses moments de veille, et elle chercha Dikélédi du regard. Elle fut surprise par sa taille minuscule et par ses yeux pétillants de malice. Un courant de sympathie passa entre elles, et Gaïg, pour la première fois de sa vie, eut le pressentiment qu'elle pourrait s'en faire une amie, même si elle était issue d'un monde différent du sien.

— Je suis sûre que les Licornes vont te guérir, affirma Dikélédi en s'approchant. Elles sont très fortes, tu sais.

— Je l'espère, répondit Gaïg. Je n'en ai jamais vu.

Disant cela, elle jeta instinctivement un coup d'œil sur sa jambe et fut horrifiée par le changement qui s'était produit. L'enflure avait augmenté, et le membre avait pris une couleur bleu-violet. Tous ceux qui étaient présents avaient suivi son regard.

— Peut-être que tu devrais la saigner encore, préconisa Afo, s'adressant à Keyah.

Doumyo les invita chez elle.

— Venez à la maison, vous serez plus à l'aise. J'ai tout préparé. Vous pourrez partir tout de suite après.

Puis, s'adressant à Gaïg :

— Il faut bien ça, pour une petite princesse comme toi, qui se fait porter, plaisanta-t-elle.

Dikélédi saisit d'office la main libre de Gaïg et sembla étonnée par la présence de la bague dont elle reconnut immédiatement le matériau. Cependant, elle garda pour elle ses réflexions, et la petite troupe se remit en marche en direction du domicile de Doumyo et Mvoulou.

Une fois Gaïg installée, les hommes sortirent pendant que les femmes s'occupaient d'elle. Keyah se livra au même manège que la première fois, incisant la plaie et enserrant fermement la jambe depuis le haut de la cuisse jusqu'à la cheville pour éliminer un sang épais et grenat, qu'Afo épongeait au fur et à mesure. Gaïg souffrait, mais ne disait rien, se contentant de serrer la main que Dikélédi lui avait laissée.Elle était un peu impressionnée par l'air grave des quatre femmes, qui considéraient sa jambe. Doumyo secoua la tête, embarrassée.

— Mais pourquoi l'ont-elles mordue? Les Vodianoïs attaquent rarement, pourtant, et plutôt pour se défendre. Là, elles ont mordu en profondeur, en plus. Je ne comprends pas, déclara-t-elle, perplexe.

— Oui, c'est assez surprenant, s'étonna Awah.

— En tout cas, elles ne mordent pas sans raison, rétorqua Keyah d'un ton bref.

— Je ne leur ai rien fait, se justifia Gaïg. J'essayais même de passer inaperçue, tellement elles m'effrayaient... Mais j'ai crié, ça les a peut-être alarmées...

— Ce n'est pas ce que je voulais dire, petite princesse, expliqua Keyah. Je me doute bien que ce n'est pas toi qui serais allée les embêter...

— Les Licornes vont la guérir et elle sera immunisée à vie contre tous les poisons, assura Dikélédi, d'un ton qui n'admettait pas de réplique.

Les adultes ne répondirent pas : elles auraient bien voulu partager la confiance et l'optimisme de Dikélédi, mais elles savaient par expérience que rien n'était encore gagné. Les Licornes étaient réputées pour extraire le poison avec leur corne, mais du venin de Vodianoï? Toutes ces créatures étaient aussi puissantes les unes que les autres et qui annihilerait l'effet de l'autre, dans ce cas? Les Licornes possédaient du pouvoir, certes, mais elles n'étaient pas invincibles. Sinon, elles ne vivraient pas aussi retirées dans la Clairière de Mukessemanda, Celle-où-tout-se-décide. Et les chasseurs ne les poursuivraient pas...

Keyah appliqua une nouvelle couche de Glaise de Bakari sur la plaie, et tendit les compresses souillées à Doumyo pour qu'elle les brûle. Elle soupira, l'air soucieux, sans se rendre compte que Gaïg l'observait.

— C'est vraiment grave? interrogea cette dernière. Tu penses que je vais mourir?

Gaïg n'avait pas d'idées précises sur la mort, surtout sur la sienne, et la vie n'ayant guère été clémente envers elle, elle se disait naïvement que la mort, c'est la fin de la souffrance et des ennuis, parce qu'on ne bouge plus. Mais elle se trouvait aussi un peu jeune pour mourir, jugeant que c'était une affaire de vieux. Elle avait toujours pensé que ses conditions de vie s'amélioreraient un jour, et qu'il lui suffisait de se montrer patiente. Elle n'était pas prête pour la mort, elle avait des projets, même si elle ne les avait pas encore mis sur pied. Pour le moment, elle ne maîtrisait pas la tournure prise par les événements, elle avait dû fuir les enfants du village, échapper à Garin, porter secours à Nihassah, mais tout ça finirait bien un jour.

— C'est comment, la mort? demanda-t-elle à Keyah. C'est comme si on dormait sans jamais se réveiller? C'est un peu ce que je fais, non? Mais je ne suis pas morte, pourtant...

— Mais tu…

Dikélédi interrompit Keyah qui s'apprêtait à parler.

— Moi, je te dis que les Licornes vont te guérir. J'en suis sûre.

— J'en suis certaine moi aussi, affirma Keyah qui avait retrouvé un peu d'aplomb. Tu vas te reposer un moment, et nous continuerons. Mais mangeons un morceau d'abord.

Afo alla chercher les deux brancardiers, Mfuru et Témidayo, ainsi que WaNguira. Le groupe se restaura et fit une pause pendant laquelle les Nains échangèrent les dernières nouvelles.

Ils repartirent un long moment après, en compagnie de Dikélédi, qui babillait pour Gaïg.

— La forêt n'est pas très loin, mais elle est vaste. Si nous avons de la chance, nous tomberons tout de suite sur une Dryade, qui pourra avertir les autres. Mais les Dryades se tiennent rarement sur le pourtour de la forêt. Il faut entrer profondément dans le bois pour les rencontrer. Il y a des sentiers, je les connais. Tu verras les arbres, comme ils sont beaux. Ce sont les plus gros de toute la Terre, parce qu'ils sont très âgés. On n'en trouve pas d'aussi imposants ailleurs. Il faut faire très attention à ne pas les abîmer, sinon les Dryades se mettent en colère. Les noms des chênes et des Dryades commencent toujours par la même lettre. Et...

Elle s'aperçut que Gaïg avait du mal à rester éveillée et comprit immédiatement ce qui se passait.

— Tu peux dormir, tu sais. Je te réveillerai quand on y sera, prévint-elle gentiment.

Elle se mit à chantonner un air de son invention et s'aperçut avec étonnement que Mfuru l'accompagnait de clappements de langue, en tapotant les doigts sur le bois des brancards. Ils avancèrent ainsi durant un bon moment, traversant plusieurs cavernes.

Après une longue marche, ils arrivèrent à une galerie beaucoup plus large que les précédentes, qui s'ouvrait sur l'extérieur.

Les Nains ne passaient jamais immédiatement de l'obscurité des cavernes à la luminosité du dehors, ils s'octroyaient toujours une période d'adaptation à l'entrée d'un tunnel, là où régnait un demi-jour qui préparait les yeux à la lumière du soleil.

— Nous n'aurons pas besoin de rester longtemps ici, le jour a commencé à décliner, fit remarquer WaNguira.

— Et il fait assez sombre sous les arbres, précisa Dikélédi.

— Mais pourquoi sortir maintenant, puisqu'il fera bientôt nuit? demanda Afo, à qui le monde extérieur ne plaisait qu'à moitié. On pourrait attendre demain matin... Et si on nous attaquait?

Dikélédi éclata de rire.

— Qui veux-tu qui nous attaque?

— Je ne sais pas, moi. Les Dryades elles-mêmes ou les Licornes. Après tout, elles ne savent pas pourquoi on vient ni qui on est...

— Pour voir les Licornes, il faut aller en plein cœur de la forêt. Elles quittent très rarement leur clairière. Et les Dryades surveillent les visiteurs pendant longtemps avant de se montrer. Si elles constatent qu'ils ne maltraitent pas les arbres, soit elles les laissent tranquilles, soit elles se présentent, ça dépend. Le plus souvent, elles restent dissimulées, et les gens cueillent des champignons ou des noix sans se savoir observés. C'est rare qu'elles se dévoilent si ce n'est pas nécessaire...

— Et il n'y a pas de danger, dans cette forêt? Des monstres, ou des créatures malfaisantes, tout au fond? insista Afo, sceptique.

— Pas vraiment. Enfin si, bien sûr. Il y a les Pookahs, par exemple. Mais ils ne sont pas vraiment malfaisants, ils aiment plaisanter, c'est tout. Ce sont des lutins verts qui ne se rendent pas toujours compte de la portée de leurs blagues, malheureusement, émit Dikélédi, songeuse.

« C'est un Pookah qui a égaré ma mère dans la forêt, quand elle m'attendait. Chaque fois qu'elle avançait, il déplaçait son panier à l'orée d'un nouveau sentier, et quand elle a voulu revenir sur ses pas, c'était trop tard, elle était perdue. Elle a eu très peur, et moi, pour compliquer un peu les choses, j'ai décidé de naître à ce moment-là! Pauvre maman. Heureusement que les Dryades sont venues à son secours... Le Pookah était mort de rire, il se tenait les côtes en se roulant sur le sol, paraît-il. Après, il s'est fait sérieusement réprimander par les Dryades.

« C'est mon ami maintenant, il s'appelle Loki. Je l'aime bien, dit-elle avec un éclair de malice dans le regard. »

Gaïg écoutait Dikélédi avec attention.

— J'aimerais bien le voir. Mais je ne voudrais pas qu'il me perde dans la forêt, avoua-t-elle. J'aurais trop peur...

— Peut-être que nous le rencontrerons... Mais vous voulez vraiment attendre demain matin pour y aller? Il y a un clair de lune, dit-elle en observant le ciel, ça m'étonnerait que les Dryades dorment. Et plus vite on y sera, plus vite elles préviendront les Licornes.

Elle consulta WaNguira du regard. Elle aussi avait senti la puissance qui se dégageait de lui et le considérait comme le chef du petit groupe, celui qui devait prendre les décisions.

— Mais il n'y a pas que les Pookahs..., objecta-t-il d'un ton concentré.

Il n'ajouta rien de plus. Le visage de Dikélédi s'assombrit. Elle fixa WaNguira qui soutint son regard. Elle considéra alors la jambe de Gaïg et ajouta :

— C'est comme vous voulez... Je n'ai pas peur parce que j'ai l'habitude et que je connais les lieux. Peut-être qu'il faut prendre le risque d'y aller quand même, si le temps presse.

Gaïg se sentait extrêmement gênée : elle ne tenait pas à ce que des monstres effraient ses compagnons ou leur fassent du mal.

— Je peux essayer de marcher et y aller avec Dikélédi, proposa-t-elle timidement.

— Il n'en est pas question, petite princesse, intervint aussitôt Keyah. Nous ne t'avons pas amenée jusqu'ici pour t'abandonner. Il vaut mieux rester ensemble. Et peut-être que tout se passera bien, après tout...

— Allez, debout, tout le monde, on y va! fut la réponse de WaNguira qui se leva et s'approcha de la sortie.

LEXIQUE

Affé : Nain, un des cinq enfants de Mama Mandombé, à l'origine d'une des cinq grandes familles de Nains.
Afo : Naine, sœur jumelle de Keyah.
Akil minéral : une des trois Terres singulières. Signifie *intelligence* en baalââ. Peut capter une propriété intelligente et la partager avec son possesseur. La Pierre des voyages est en Akil minéral.
Awah : Naine, chef du village de Ngondé.

Baalââ : langue sacrée des Nains.
Babah : Nain, ami de Mukutu.
Bandélé : Nain, ami de Mukutu.
Bassirou : Nain, ami de Mukutu.
Batuuli : Naine, mère de Nihassah, épouse de Mukutu, décédée.
Béranger : enfant du village de Gaïg.

Clovis : enfant du village de Gaïg.
Colin : fils de Garin et Jéhanne.
Colombe : enfant du village de Gaïg.
Cristal de Mwayé : une des trois Terres singulières. Signifie *lumière* en baalââ. Protection contre les Hommes d'Aumal :

dégage un éclat très vif, qui leur est fatal, quand mis en contact avec le Nyanga.

Dikélédi : fille de Doumyo et Mvoulou. Née dans la forêt de Nsaï, à la suite d'une farce de Pookah.
Doumyo : épouse de Mvoulou, mère de Dikélédi.
Dryades : jeunes filles de la forêt de Nsaï, dont la vie est reliée à un arbre, le plus souvent un chêne.

Ermeline : fille de Garin et Jéhanne.

Fary : lac souterrain entre le village de Gaïg et Jomo.
Fikayo : lac souterrain, proche de Jomo.
Fréjus : homme du village de Gaïg.

Gaïg : fille, âgée d'une dizaine d'années. Appelée **Wolongo** par les Nains, ce qui signifie *Fille de l'Eau* en baalââ.
Garin : homme qui a recueilli Gaïg avec Jéhanne. Père d'Ermeline, de Colin, Féodor et Victoric.
Glaise de Bakari : terre utilisée par les Nains pour absorber les poisons.
Gnahoré : Nain, un des cinq enfants de Mama Mandombé, à l'origine d'une des cinq grandes familles de Nains.

Gotoré : Nain, ami de Mukutu.
Guillaumine : enfant du village de Gaïg.

Hommes d'Aumal ou **Hommes creux** : créatures des cavernes caractérisées par leur absence d'enveloppe corporelle.

Idourou : le diable chez les Nains.
Irénice : enfant du village de Gaïg.

Jéhanne : femme qui a recueilli Gaïg avec Garin. Mère d'Ermeline, de Colin, Féodor et Victoric.
Jomo : village souterrain de Nihassah.

Keyah : Naine, sœur jumelle d'Afo.
Kikongo : Nain, un des cinq enfants de Mama Mandombé, à l'origine d'une des cinq grandes familles de Nains.

Licornes : créatures vivant dans la forêt de Nsaï, semblables à des chevaux, portant une corne unique au milieu du front. Cette corne, torsadée chez les femelles, possède la propriété d'absorber les poisons.
Lisimbah : Nain, un des cinq enfants de Mama Mandombé, à l'origine d'une des cinq grandes familles de Nains.
Loki : Pookah vivant dans la forêt de Nsaï.

Macény : Naine, mère de Mfuru.
Mama Mandombé : la Déesse Magnifique, la Mère de tous les Nains à travers ses cinq enfants (Affé, Gnahoré, Kikongo, Lisimbah, Pongwa), aussi surnommée la Reine des Nains par Gaïg.
Matilah : Naine, mère de Bandélé.
Mdé : Nain, messager de WaNguira.
Mfuru : Nain. Son nom signifie *la Tortue* en baalââ
Mukessemanda, Celle-où-tout-se-décide : clairière sacrée au cœur de la forêt de Nsaï.
Mukutu : Nain, chef du village de Jomo, père de Nihassah.
Mvoulou : Nain, époux de Doumyo, père de Dikélédi

Ngondé : village de Dikélédi, Doumyo et Mvoulou.
Nihassah ou **Zoclette** : Naine, amie de Gaïg. Fille de Mukutu et de Batuuli. Nihassah signifie *Princesse Noire* en baalââ.
Nsaï (forêt de) : forêt où vivent les Dryades et les Licornes.
Nyanga : Minerai sacré. Signifie *soleil* en baalââ.

Oko (monts d') **:** les Nains y ont trouvé refuge après le Premier Exode.

Olokun : Esprit de l'Eau chez les Nains, père de Yémanjah.

Pélage : enfant du village de Gaïg.
Pierre des voyages : en Akil minéral. Elle permet de communiquer avec les différents peuples.
Pongwa : Nain, un des cinq enfants de Mama Mandombé, à l'origine d'une des cinq grandes familles de Nains.
Pookah : lutin des bois, plaisantin et farceur.
Premier Exode : période durant laquelle les Nains, à cause du volcanisme, quittent les montagnes de Sangoulé pour les monts d'Oko.

Sangoulé : chaîne de montagnes. Pays d'origine des Nains, abandonné pour les monts d'Oko, lors du Premier Exode, à cause de l'activité volcanique qui s'y est développée.
Sha Bin : Le-Nain-à-la-peau-claire. Toujours présent lors des apparitions de Mama Mandombé.

Témidayo : Nain, accompagne Gaïg chez les Licornes, avec Mfuru.
Terres singulières : pierres possédant des propriétés particulières. Il s'agit du Cristal

de Mwayé, de la Gemme de Maza et de l'Akil minéral.
Toriki : Nain, ami de Mukutu.
TsohaNoaï : Reine des Licornes. Signifie *Soleil* en tawiskara.

Vodianoï : créature aquatique repoussante, dégageant une forte odeur de putréfaction. La morsure de la Vodianoï est généralement mortelle.

Wakan Tanka : Roi des Licornes. Signifie *Dieu Suprême* en tawiskara.
WaNguira : Nain, grand prêtre des Lisimbahs.
Wolongo : Gaïg, en baalââ. Signifie *Fille de l'eau.*

Yémanjah : signifie, en baalââ, *Mère-dont-les-enfants-sont-des-poissons.* Fille de Mama Mandombé et de son frère, Olokun, qui est l'Esprit de l'Eau.

Zoclette : nom de Nihassah dans le village de Gaïg.

TABLE DES MATIÈRES

gaïg

LA FORÊT DE NSAÏ
TOME II

L'APPEL DE LA MER
TOME III

100%

Ce document a été imprimé sur du papier contenant 100 %
de fibres recyclées postconsommation, certifié Écolo-Logo
et Procédé sans chlore et fabriqué à partir d'énergie biogaz.

Ce tirage aura permis, à lui seul, de sauver
l'équivalent de 87 arbres matures.